2014年度浙江省哲学社会科学规划课题:《社会体育组织供给体育公共服务的制度环境建构、模式选择及其实施路径:中外经验对浙江的借鉴与启示》(项目编号:14NDJC111YB)

# 我国社会体育组织的公共服务研究：

## 以浙江省为例

薛林峰　著

人民出版社

责任编辑:孟令堃
策划编辑:王艾鑫
装帧设计:朱晓东

**图书在版编目(CIP)数据**

我国社会体育组织的公共服务研究:以浙江省为例/薛林峰著.
——北京:人民出版社,2018.1

ISBN 978-7-01-018696-2

Ⅰ.①我… Ⅱ.①薛… Ⅲ.①群众体育－公共服务－研究－中国
Ⅳ.①G812.4

中国版本图书馆 CIP 数据核字(2017)第 311823 号

我国社会体育组织的公共服务研究:以浙江省为例
WOGUO SHEHUI TIYU ZUZHI DE GONGGONG FUWU YANJIU:YI ZHEJIANGSHENG WEILI

薛林峰　著

人 民 出 版 社 出版发行

(100706　北京市东城区隆福寺街 99 号)

北京中兴印刷有限公司印刷　新华书店经销

2018 年 1 月第 1 版　2018 年 1 月北京第 1 次印刷
开本:710 毫米×1000 毫米 1/16　印张 13.75
字数:218 千字

ISBN 978-7-01-018696-2　定价:41.00 元

邮购地址:100706　北京市东城区隆福寺街 99 号
人民东方图书销售中心　电话:(010)65250042　65289539

# 摘 要

目前，我国在体育公共服务体系建设过程中仍然存在一些基础性、素质性及结构性问题，主要表现为社会体育组织供给体育公共服务的制度环境建设、模式构建等并未完成。因此，对国外体育强国如何有效推进社会体育组织供给体育公共服务的经验及做法进行审视和总结，是解决这些基础性、素质性及结构性问题的有效途径。我们采用新公共管理理论、公共治理理论、政府与市场失灵理论以及第三方治理理论对浙江省社会体育组织供给体育公共服务问题进行研究。

社会体育组织是指独立于政府部门之外，以实现社会公众利益为宗旨的，依法建立或自发形成的非营利性社会体育团体组织。社会体育组织主要由以下两大部类构成：一类主要是在体育部门、民政部门依法注册的体育社团、体育民办非企业单位、体育基金会等体育非营利性组织。另一类是在民间基层自发形成，不被现行法规条例正式认可，但是在一定程度上具有非政府性、非营利性特征的民间体育项目、体育人群、健身团队等体育团体组织。社会体育组织具有非政府性、自治性、志愿性、非营利性、专业性等多重特性。社会体育组织供给体育公共服务的范畴大致可以划分为两大类：一类是纯体育公共服务产品，另一类是准体育公共服务产品或混合型体育公共服务产品。社会体育组织供给体育公共服务的内容极为丰富多样，具体可以划分为组织服务、设施服务、活动服务、指导服务、体质监测服务以及体育信息服务六种。

当前浙江省社会体育组织类型多样，随着经济的发展，与社会公众体育需求直接相关的社会体育组织，如非奥项目单项协会以及休闲体育项目协会发展迅猛；虽然社会体育组织主管部门的类型较为多样，但主要以体育局、体育总会等体育行政部门或具有政府背景的体育社会组织为主。基层社会体育组织以街道办事处作为主管部门，另有一些基层社会体育组织（草根体育组织）无主管部门；浙江省社会体育组织人员结构不合理，主要是缺乏专职人员和志愿人员。浙江省社会体育组织供给体育公共服务所需的基本设施不足。浙江省社会体育组织资金来源的主要渠道是政府财政拨款或委托项目支付。浙江省社会体育组织内部治理结构和决策方式需要进一步完善；浙江省社会体育组织对于供给体育公共服务具有一定的认识，同时也比较了解各项政策，认为社会体育组织供给体育公共服务是大势所趋，对浙江体育事业发展具有重大影响，有意愿在今后供给体育公共服务；一部分浙江省社会体育组织已有供给体育公共服务的实践，供给的体育公共服务内容丰富多样，以各类人群为服务对象。浙江省社会体育组织对自身供给体育公共服务的效果评价较好。浙江省社会体育组织认为自身供给体育公共服务面临着多重困难，需要政府提供一系列的支持来促进社会体育组织供给体育公共服务。

管理体制、监督机制、保障机制、评估机制是影响浙江省社会体育组织供给体育公共服务的制度环境因素，突出表现为管理体制不合理、监督机制不健全、保障机制不完整、评估机制不完善。管理体制不合理具体表现为政府与社会体育组织权责利关系不明，政府与社会体育组织互动不足，社会体育组织间竞争与合作不足，内部管理机制不完善，执行不到位；监督机制不健全具体表现为监督机制的法律文本不健全，监督部门的多头管理形成了事实上的空头管理，监管体制、机制及办法陈旧，监督主体单一，过分强调内部监督；保障机制不完整具体表现为资金来源单一，法律规范体系尚不健全，供给运作过程不规范；评估机制不完善具体表现为评估主体业务不专业，评估指标体系设计脱离实际发展情况，没有高效率的第三方评估机制建立，评估结果未能有效利用，奖励机制不足。

浙江省社会体育组织供给体育公共服务的现有模式主要有政府向社会

体育组织购买体育公共服务模式、社区与社会体育组织合作供给体育公共服务模式、社会体育组织与企业合作供给体育公共服务模式。国外社会体育组织供给体育公共服务的模式主要有行政部门主导型模式、行政与社会体育组织结合主导型模式、社会体育组织主导型模式。

浙江省社会体育组织供给体育公共服务制度环境建构包括完善管理体制、健全监督机制、健全保障机制、建立评估机制。完善管理体制具体包括优化管理的行政流程；更新管理理念，突出社会体育组织主体地位；管理体制创新，解决多头管理及责任主体模糊和缺失问题。健全监督机制具体包括健全全民监督，完善相关法律文本；健全社会舆论监督，运用和规范互联网监督，健全监督信息共享机制；明确监督部门职责，采用问责制。健全保障机制具体包括提高社会体育组织自身的筹资能力，完善组织内部治理机制，建立社会公信力；政策法律支持，建立健全政策法律支持，基于契约构建体育公共服务合作互动机制。建立评估机制具体包括完善评估机制的制度供给，制定合理的浙江省社会体育组织参与体育公共服务供给的评估指标体系，建立第三方专业评估队伍。

浙江省社会体育组织供给体育公共服务的模式可以选择以下几项：基于服务链的政府向社会体育组织购买体育公共服务模式、基于社区参与的社区与社会体育组织合作供给体育公共服务模式、基于联盟的社会体育组织与企业合作供给体育公共服务模式、基于"互联网＋"的社会体育组织供给体育公共服务模式。

# 目 录

第一章　导论 ⋯⋯⋯⋯⋯⋯⋯⋯⋯⋯⋯⋯⋯⋯⋯⋯⋯⋯⋯⋯⋯⋯⋯ 1

　第一节　选题背景与研究意义 ⋯⋯⋯⋯⋯⋯⋯⋯⋯⋯⋯⋯⋯ 1

　第二节　国内外研究综述 ⋯⋯⋯⋯⋯⋯⋯⋯⋯⋯⋯⋯⋯⋯⋯ 7

　第三节　研究思路与方法 ⋯⋯⋯⋯⋯⋯⋯⋯⋯⋯⋯⋯⋯⋯⋯ 10

　第四节　研究创新 ⋯⋯⋯⋯⋯⋯⋯⋯⋯⋯⋯⋯⋯⋯⋯⋯⋯⋯ 14

第二章　社会体育组织的理论框架体系 ⋯⋯⋯⋯⋯⋯⋯⋯⋯⋯ 16

　第一节　理论基础 ⋯⋯⋯⋯⋯⋯⋯⋯⋯⋯⋯⋯⋯⋯⋯⋯⋯⋯ 16

　第二节　核心概念界定 ⋯⋯⋯⋯⋯⋯⋯⋯⋯⋯⋯⋯⋯⋯⋯⋯ 21

　第三节　社会体育组织的构成 ⋯⋯⋯⋯⋯⋯⋯⋯⋯⋯⋯⋯⋯ 24

　第四节　社会体育组织的特性 ⋯⋯⋯⋯⋯⋯⋯⋯⋯⋯⋯⋯⋯ 26

　第五节　社会体育组织供给体育公共服务的范畴及内容 ⋯⋯⋯ 29

第三章　浙江省社会体育组织供给体育公共服务的现状 ⋯⋯⋯⋯ 30

　第一节　社会体育组织基本情况 ⋯⋯⋯⋯⋯⋯⋯⋯⋯⋯⋯⋯ 30

　第二节　社会体育组织供给体育公共服务的认识情况 ⋯⋯⋯⋯ 38

　第三节　社会体育组织供给体育公共服务情况 ⋯⋯⋯⋯⋯⋯⋯ 44

第四章　浙江省社会体育组织供给体育公共服务制度环境影响因素 ⋯⋯ 52

　第一节　浙江省社会体育组织供给体育公共服务制度环境影响因素

　　　　　分析 ⋯⋯⋯⋯⋯⋯⋯⋯⋯⋯⋯⋯⋯⋯⋯⋯⋯⋯⋯⋯ 53

　第二节　管理体制影响因素分析 ⋯⋯⋯⋯⋯⋯⋯⋯⋯⋯⋯⋯ 61

　第三节　监督机制影响因素分析 ⋯⋯⋯⋯⋯⋯⋯⋯⋯⋯⋯⋯ 65

　　第四节　保障机制影响因素分析 ·················································· 75

　　第五节　评估机制影响因素分析 ·················································· 79

第五章　浙江省社会体育组织供给体育公共服务的现有模式分析 ········ 86

　　第一节　浙江省社会体育组织供给体育公共服务的背景 ·············· 86

　　第二节　浙江省社会体育组织供给体育公共服务的现有模式及其典型
　　　　　　实例 ·················································································· 97

　　第三节　浙江省社会体育组织供给体育公共服务的现有模式的评价及
　　　　　　发展趋势 ·········································································· 107

第六章　国外社会体育组织供给体育公共服务的制度环境构建及其模式
　　　　选择 ························································································ 114

　　第一节　国外社会体育组织供给体育公共服务的制度环境构建的启示
　　　　　　及其典型实例 ·································································· 114

　　第二节　国外社会体育组织供给体育公共服务的模式及其典型实例··· 135

　　第三节　国外社会体育组织供给体育公共服务模式的启示 ·········· 139

第七章　浙江省社会体育组织供给体育公共服务制度环境建构 ·········· 144

　　第一节　完善管理体制 ······························································ 144

　　第二节　健全监督机制 ······························································ 147

　　第三节　健全保障机制 ······························································ 156

　　第四节　建立评估机制 ······························································ 160

第八章　浙江省社会体育组织供给体育公共服务的模式 ···················· 169

　　第一节　浙江省社会体育组织供给体育公共服务的模式的现实条件··· 169

　　第二节　浙江省社会体育组织供给体育公共服务模式的阶段特征····· 172

　　第三节　浙江省社会体育组织供给体育公共服务的模式选择 ········ 174

　　第四节　浙江省社会体育组织供给体育公共服务模式的实施路径····· 177

结论 ·································································································· 186

附录 ·································································································· 189

主要参考文献 ···················································································· 210

# 第一章 导论

## 第一节 选题背景与研究意义

### 一、选题背景

社会组织（Social Organization）是新公共管理理论、公共治理理论、政府与市场失灵理论、第三方治理理论中的中心研究命题。从社会学的角度来看，社会组织是与政府（Government）、市场（Market）具有同等地位的社会基本构成单元。随着社会的发展，市场与社会组织的力量和能力逐渐增强，开始在社会治理过程中发挥越来越大的功能与作用。社会组织与广大社会成员具有普遍联系，社会组织代表广大社会成员的利益开始在公共物品和服务的供给中发挥越来越大的作用。放眼国际，20世纪六七十年代以来，伴随着在西方发达国家兴起的新公共管理改革风潮，英国率先在公共服务供给领域逐步缩减直接供给公共服务，将一些充分发挥社会组织供给效率和需求响应度的公共服务，如公共体育服务、公共养老服务等通过科学合理的方式、方法和程序交由社会组织供给，政府根据社会组织所供给的服务数量、质量标准向社会组织支付报酬。由此，公共服务特别是与广大社会成员切身利益相关的公共卫生服务、公共体育服务、公共养老服务等，由社会组织供给已经在国际社会特别是西方国家成为普遍的现象（见图1-1）。例如，自2003年开始颁发的联合国公共服务奖（United Nations Public Service Awards）是享誉国际社会、推进世界各国供给卓越公共服务的奖项。该奖项表彰取得创造性成就的公共服务项目，例如韩国的"女性友善城市计划"、德国的"残障人士融入世界"、意大利的"新型服务方式"以及日本的"协力测试——佐贺县 2007 年综合计划"等项目，它们推动社会组织着重向妇女、残疾人、老年、儿童等社会群体供给相应的特殊公共服务[①]，为世界各国实现更有效率和应对性的公共管理做出贡献。另外，"欧洲公共部门奖"（the European Public Sector Award），"加拿大卓越公共服务奖"（Public Service Award of Excellence）也极为重视表彰社会组织供给公共服务中的卓越案例，特别是"加拿大卓越公共服务奖"主要评奖对象就是个人以及社会团体组织。

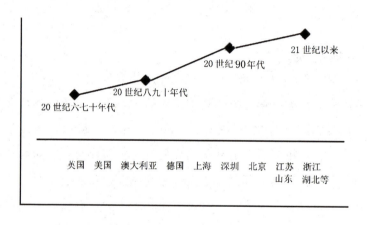

**图 1-1  社会组织供给公共服务在全球的扩散趋势[②]**

已有的国际经验表明，当一国人均国内生产总值（GDP）从 1000 美元向 3000 美元过渡的时期，也是该国公共服务需求快速扩张的时期。2016 年我国人均国内生产总值为 8126 美元，我国公共服务已经进入需求增长速度超速发展，公共服务结构由消费型向发展型转型升级，广大农民潜在公共服务需求向现实需求转化的新时期。随着我国经济的快速发展，

---

① 陈振明、孙杨杰：《公共服务质量奖的兴起》，《湘潭大学学报》2014 年第 4 期。
② 整理改编自陆春萍：《我国政府购买公共服务的制度化进程分析》，《华东理工大学学报（社会科学版）》2010 年第 4 期。

党和国家日益重视向广大社会公民供给公共服务，从而满足其公共服务需求。在 2005 年 10 月召开的党的十六届五中全会上，促进基本公共服务均等化这一伟大的战略构想被提出。其后，党的十八届三中全会提出"加大政府购买公共服务力度，推进社会组织发展"的要求，后续的十八届四中、五中全会也提出了相似的要求。如何构建和完善公共服务体系成为党和国家的一项重要任务，我国开始在公共服务体系建设和发展领域进行大量卓有成效的理论探索以及实践活动。通过 10 多年的发展，我国已经形成基本公共服务制度框架和实施体系，社会组织开始发挥自身功能来供给公共服务并已形成一定的规模，党和国家对于社会组织供给公共服务给予大量的制度支持形成了良好的制度环境。例如，2014 年 12 月，财政部和民政部联合颁发《关于支持和规范社会组织承接政府购买服务的通知》，该通知明确强调，充分发挥社会组织在公共服务供给中的独特作用和积极作用，有利于加快转变政府职能，创新公共服务供给方式，提高公共服务供给水平和效率[1]。又如 2016 年民政部颁布了《关于通过政府购买服务支持社会组织培育发展的指导意见》，该意见指出通过政府购买服务支持社会组织培育发展，是落实党中央、国务院的决策部署，加快转变政府职能，创新社会治理体制，促进社会组织健康有序发展，提升社会组织能力和专业化水平，改善公共服务供给的必然之举[2]。一些省、市也推出了相关意见来推进社会组织供给公共服务。例如，2014 年江苏省财政厅、民政厅联合下发《关于推进政府向社会组织购买公共服务的实施意见》，推进政府向社会组织购买公共服务工作，为社会组织参与社会公共服务提供政策支持[3]。需要指出的是，我国人口数量超过 13 亿，加之国土面积广阔，地区经济发展水平差异较大，造成了明显的城乡差异、地区差异以及

---

[1]　京华时报：《支持社会组织承接政府购买公共服务》，2014 年 12 月 19 日，见 http：//politics. people. com. cn/n/2014/1219/c70731-26235921. html.

[2]　林巧婷：《民政部发布〈关于通过政府购买服务支持社会组织培育发展的指导意见〉》，2016 年 12 月 30 日，见 http：//www. gov. cn/xinwen/2016-12/30/content_ 5154719. htm。

[3]　中华人民共和国民政部：《江苏省出台政府向社会组织购买公共服务实施意见》，2014 年 1 月 27 日，见 http：//www. mca. gov. cn/article/zwgk/dfxx/201401/20140100583195. shtml.

群体差异，导致出现了城乡、地区以及群体间的公共服务供给差异，为加快形成可持续发展的、使人民群众满意的基本公共服务体系，需要在创新基本公共服务供给模式上花大气力，使得加快社会组织供给公共服务成为必然之举。

体育公共服务是公共服务特别是基本公共服务的重要组成部分，与广大群众的健康和生活质量密切相关，也是关系到国家人力资本数量及质量，维系国家安全的重要支撑。从公共产品理论的角度来看，体育公共服务并不是纯公共产品，许多体育公共服务具有混合产品或准公共产品的特性，适合通过购买等方式由社会组织供给，而社会组织供给这些体育公共服务具有持续了解公众需求，及时响应公众需求的优势，同时也因灵活供给、柔性供给具有供给效率上的优势。由社会组织来供给公共体育服务已经成为美国、德国、英国、日本等大众体育发达国家的成功经验。1986年《国家体委关于体育体制改革的决定（草案）》作为我国体育体制改革发轫的具有里程碑意义的纲领性文件，明确指出在体育公共服务领域将进行社会化和市场化的改革，明确界定政府与市场、社会的职能界限，合理有效地供给体育公共服务来满足人民群众日益增长的体育公共服务需求，社会组织供给体育公共服务开始逐步在我国兴起。就浙江而言，由于浙江政治以及经济体制改革走在全国前列，经过多年发展，经济水平较高，所以浙江在我国属于社会组织供给体育公共服务的先发地区，取得了一定的成绩和成效。不容忽视的是，由于浙江省社会体育组织发展时间较短，本身功能不健全，加之引导和推进社会体育组织供给体育公共服务的制度环境建设滞后等诸多问题，导致社会体育组织供给体育公共服务还不尽如人意。

推进体育治理体系和治理能力现代化建设将是未来一段时间我国体育发展的中心议题（于善旭，2014）①。体育治理的主体不能局限于政府的

---

① 于善旭：《论法治体育在推进体育治理现代化中的主导地位》，《上海体育学院学报》2014年第6期。

单纯的一元化治理，需要支持社会体育组织发展，发挥其在体育治理体系和治理能力现代化过程中的基础性作用（杨桦，2015）①。当前社会转型要求体育满足大众日益增长的需求，行政管理体制改革要求体育管理体制走向公共服务，因此，在推进体育治理体系和治理能力现代化进程中，社会体育组织应当积极承接政府职能，发挥供给体育公共服务的功能。浙江省作为经济发达省份，21世纪初就开始积极推进体育现代化。2016年《浙江省体育发展"十三五"规划》明确提出要推动浙江省体育从"政府驱动"的传统体育向"社会内生"的现代体育转型。就群众体育而言，其具体目标就是体育公共服务能力和水平进一步增强，基本建成"全覆盖、高水平"的体育公共服务体系。为达成此目标，结合体育治理体系和治理能力现代化的背景，浙江省应积极促进社会体育组织供给体育公共服务。

## 二、研究意义

第一，党的十八届三中全会提出创新社会治理，激发社会活力，推进国家治理体系和治理能力现代化。在此背景下，政府与社会体育组织合作，通过社会体育组织供给体育公共服务日益受到重视，理论界以及实践领域中的有识之士开始不断探索如何构建有效的制度环境和模式，从而推进社会体育组织供给体育公共服务。通过检索有关社会体育组织供给体育公共服务的研究成果，我们可以发现，虽然学界已经认识到社会体育组织在体育公共服务供给中所具有的重要价值，但是大多数的研究成果还是从公共服务理论以及治理理论的视角出发。运用以上两种理论的研究范式进行研究，其研究观点主要还是将社会体育组织作为体育公共服务供给的补充部分，从政府治理方式转变以及加强体育公共服务供给的宏观层面，对于社会体育组织参与体育公共服务供给的必要性等基础理论问题进行探索。就国外社会体育组织供给体育公共服务的实践以及经验启示来看，具

---

① 杨桦：《深化体育改革推进体育治理体系和治理能力现代化》，《北京体育大学学报》2015年第1期。

有良好的制度环境构建是切实推进和扩大社会体育组织供给体育公共服务的基础条件。从另一方面来看，推进社会体育组织供给体育公共服务实践得以成行的关键还在于如何构建政府与社会体育组织有效的合作模式，这是实现体育组织供给体育公共服务的现实条件。目前我国学界对于这两个基础且关键的问题缺乏必要的理论支持。随着我国社会体育组织的规模扩大、服务能力提升，理论界应当突破以往偏重宏观研究的思维定式，转向制度环境构建以及政府与社会体育组织间合作模式选择的方面，从而促进社会体育组织更好地供给体育公共服务。我们应正视当前存在的理论研究空白以及弱势领域，着重研究社会体育组织供给体育公共服务的制度环境以及模式构建两个关键问题，由此凸显自身的研究意义和价值。

第二，从完善理论体系角度出发，我们力求建构全面、系统且符合现实状况的社会体育组织供给体育公共服务的理论框架，从而对当前社会体育组织供给体育公共服务的界限、实现形式、功能输出与资源补偿、绩效考核、规制管理等进行理论阐述与指引，对学界后期研究给予参考和借鉴。

第三，从学理角度来看，通过"解剖麻雀"式的区域案例分析提出对策，既有利于区域社会体育组织供给体育公共服务，又可为我国其他地区社会体育组织供给体育公共服务提供典型案例和效仿模式。浙江省体育现代化工作一直走在全国前列，涌现出大量的社会体育组织，并在此过程中出现了许多共性和个性的问题。我们对浙江省体育社会组织供给体育公共服务时遇到的机遇、问题、瓶颈等进行大样本的调查统计分析得出相关数据，同时进行社会体育组织供给体育公共服务的典型案例实证分析，形成体现中国社会体育组织的有益启示，有利于同国际学界的交流与沟通。

第四，构建社会主义和谐社会，要求"要更加注重发展社会事业，最大限度地激发社会活力，健全社会组织，协调各方面利益关系，发挥人民群众的首创精神，促进各种社会关系的和谐"。社会体育组织供给体育公共服务是这一方针的具体展开。同时，党的十八届四中全会审议通过了《中共中央关于全面推进依法治国若干重大问题的决定》。依据该《决定》

全面推进依法治国涵盖了党、国家、社会生活以及军队建设的各个领域，实现了法治的"全覆盖"。为此必须充分认识并发掘社会组织在体育公共服务供给方面所具有的实现社会自治、维护社会利益等方面的功能意义，为体育领域中的民主与法治实践引入社会之维。

第五，当前浙江省在体育公共服务体系建设过程中仍然存在一些基础性、素质性及结构性问题，主要表现为推进社会体育组织供给体育公共服务的制度环境建设、模式构建等并未完成。因此，对国外体育强国如何有效推进社会体育组织供给体育公共服务的经验及做法进行审视和总结，是解决这些基础性、素质性及结构性问题的有效途径。他山之石可以攻玉，我们积极探讨国外社会体育组织供给体育公共服务的制度环境建设、模式构建的成功经验及其启示，本身就具有理论及实践价值。

第六，本书的实践价值主要体现在对策建议的实用性、适切性，即从策论角度出发，探讨浙江省社会体育组织如何进行政策、机制、体制协同推进供给体育公共服务，较之现有的对策研究更具系统性、整体性。

## 第二节 国内外研究综述

### 一、国外研究综述

根据诺贝尔经济学奖获得者保罗·萨缪尔森（Paul A. Samuelson）的公共产品理论，体育公共服务由于具有完全或部分的非排他性（Non excludability）、非竞争性（Non competitive），在性质上属于满足公众体育需求的公共产品或混合产品，体育公共服务的性质及类型决定了体育公共服务供给主体多元化，因而国外体育公共服务供给呈现出政府、非营利体育组织等多元主体的格局（王才兴，2008）[1]。20世纪80年代，变革公共物品和服务的供给结构和方式，以提高供给效率，成为新公共管理理论的核

---

① 王才兴：《体育公共服务国际比较及启示》，《体育科研》2008年第2期。

心。克里斯·格拉顿（Chris Gratton）和彼得·泰勒（Peter Taylor，2000）将社会体育组织供给体育公共服务的功能作为新公共管理理论典型案例的实证性研究。进入 21 世纪，艾伦·贝恩（Alan Bairner，2001）对社会体育组织体育公共服务供给功能及其如何实现进行深入研究，体育公共服务具有公共产品或混合产品的多样化类型决定了体育公共服务供给主体多元化，社会组织供给体育公共服务存在现实合理性。恩特威斯尔·汤姆（Entwistle Tom）和马丁·史蒂夫（Martin Steve，2005）指出，直至今日，非政府组织（Non-governmental Organization，简称 NGO）和非营利组织（Non-Profit Organization，简称 NPO）等社会组织供给体育公共服务的研究仍是全球范围内的热点学术问题之一。为提升体育公共服务供给的效率，国外学界认识到多元供给主体之间竞争与合作的体育公共服务供给模式研究的重要性。R. 马克·艾萨克（R. Mark Isaac）、詹姆士. M（James M，1988），蒂莫西·贝斯利（Timothy Besley）、史蒂芬·科特（Stephen Coate，2005）等学者分别对体育公共服务供给模式进行了深入研究，认为体育公共服务供给模式形成的主要影响因素有中央政府和地方政府的权利分配问题、地方税制和转移支付情况、官员治理结构情况等。这为我们提供了一定的理论基础和经验指导。

## 二、国内研究综述

在我国，社会组织是加快转变经济发展方式，促进行业可持续发展的催化剂、助推器，是调整利益、化解矛盾、促进和谐的润滑剂、稀释剂，也是增强社会发展活力、提高社会治理水平、创新社会治理体制的一支重要力量，由此社会体育组织供给体育公共服务成为当前国内体育学界的一个理论热点，其研究内容主要集中在基本理论、发展现状、存在问题及推进策略等方面。从研究切入点来看，研究成果主要有以下几个方面：一是从社会学角度探讨社会体育组织供给体育公共服务的合理性及其运行机理（李博、胡霞，2008；李伟峰，2009），其中李伟峰（2009）指出政府作为唯一主体供给提供体育公共服务存在供给效率低下的问题，需要引入多元主体供给体育公共服务，而设计好的激励机制是解决多元主体供给体育公共服务问题的关键；二是从法律规制角度探讨社会体育组织供给体育公共服务的法制环境及顶层制度设计（杨涛，2009；王凯，2014）；三是从制度环境建构角度探讨社会体育组织供给体育公共服务的体制调适、财政保障体制和监督体制等制度创新问题（张琴、董红刚、方新普，2010）。四是结合政府购买体育公共服务探讨社会体育组织如何与之匹配及实现供给体育公共服务（易剑东，2012；胡科、虞重干，2012；周建新、李震、陈元欣，2014）。五是社会体育组织供给体育公共服务的对策研究，张琴（2009）、董红刚（2010）等以社会公正的视角，从调适体制、财政保障体制和监督体制等制度创新角度出发，提出引入社会体育组织等社会力量解决我国体育公共服务供给主体单一问题的对策。唐定（2009）从市场供需角度分析了我国在供给中存在供需结构失衡的问题及形成原因，并提出要通过国家的相关政策制度和大型活动来促进社会体育组织供给体育公共服务[①]。

## 三、前期研究评价

纵览国内外研究成果，可以发现以下特点。

第一，社会体育组织（Social Sport Organization）是社会组织的有机组成部分，长期以来我国将非政府体育组织（Non-governmental Sport Organization）或非营利体育组织（Non-Profit Sport Organization）等同于社会体育组织造成研究外延较小。

第二，国内目前缺乏理论主线连缀其他相关理论的全面、系统且符合我国现实状况的社会体育组织供给体育公共服务的理论体系；同时由于已有社会体育组织供给体育公共服务的理论范式和分析框架大多来源于NGO、NPO的相关理论，导致对于社会体育组织供给体育公共服务的理论引导存在"水土不服"，有关研究结论不能有效指导实践。

---

① 唐定：《公共体育产品的经济分析》，《科技创业》2009年第10期。

第三，研究视域狭小、理论探讨浅层化。缺乏整合新公共管理理论、公共治理理论、政府与市场失灵理论以及第三方治理理论对影响社会体育组织供给体育公共服务的体制、机制、法制、资源、监管等方面的综合性研究。后续研究必须是多学科交叉融合的综合性研究，才具有理论价值及实践意义。

第四，由于我国地域广阔、地区发展不平衡，现有研究不能比较清晰地反映社会体育组织供给体育公共服务的全貌，缺乏多层次、多级别、多区域的大样本调查统计的实证研究成果，同时由于缺乏源于实践的实证分析和数据支撑，使当前我国社会体育组织供给体育公共服务的研究更多地停留在理论层面，指导实践的可操作性较差。

第五，通过文献梳理，我们还可以发现目前国内的社会体育组织供给体育公共服务的研究虽然取得了长足的进步，但是缺乏成系统的社会体育组织供给体育公共服务的制度环境建构及其模式选择研究，特别是缺少针对经济发达、体育事业也较为发达的浙江省社会体育组织供给体育公共服务的制度环境建构及其模式选择的相关研究成果。

## 第三节　研究思路与方法

### 一、研究思路

本书采用"理论研究—现状研究—对策研究"，定性与定量规范研究相结合的方式，遵循发现问题——浙江省社会体育组织供给体育公共服务是否已经完全得到施行并发挥了极大的作用？假设：没有得到完全施行，还有极大的施行和发展空间。分析问题——社会体育组织供给体育公共服务的理论框架体系是什么？浙江省社会体育组织供给体育公共服务供给功能实现的现状如何？探寻和研究浙江省社会体育组织供给体育公共服务的制度环境困境具体表现是什么？浙江省社会体育组织供给体育公共服务的现有模式有哪些？国外促进社会体育组织供给体育公共服务的经验、措施对浙江省有何启示？解决问题——提出浙江省社会体育组织供给体育公共服务制度环境建构的各种机制，对浙江省社会体育组织供给体育公共服务的模式及其实施路径展开研究（详见图1-2）。

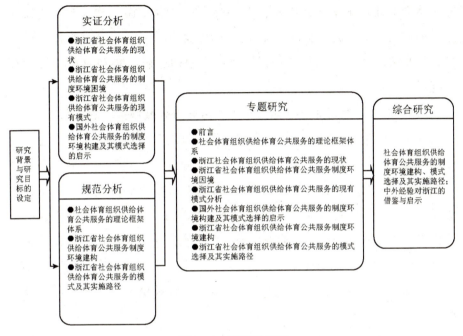

图1-2　研究思路图

## 二、研究方法

整合新公共管理理论、公共治理理论，政府与市场失灵理论以及第三方治理理论等为一体，结合研究小组分析、逻辑分析、比较分析、系统分析、趋势分析、内容分析等多种分析方法，定性与定量相结合，理论研究、实证研究和对策研究为一体，以集成创新方式研究相关问题，具体研究方法运用体现在各个研究内容板块之中。

### （一）对于"导论"部分

本书主要通过对相关研究成果的内容分析、逻辑分析，对7—10名社会体育组织、体育公共服务领域副级高以上职称学者进行电话咨询和当面访问，最后结合研究小组讨论与分析来加以研究。

**（二）对于"社会体育组织供给体育公共服务的理论框架体系"部分**

本书收集相关文献资料，对收集来的相关文献资料进行逻辑分析和处理，结合对社会体育组织以及体育公共服务领域6—10名专家和来自浙江东、中、西部的宁波、温州、台州、金华、衢州、杭州6个城市体育以及民政等相关职能部门领导的访谈，通过缜密的逻辑分析和对比分析进行研究。

**（三）对于"浙江省社会体育组织供给体育公共服务的现状"部分**

首先，收集相关国内外文献资料，了解社会体育组织供给体育公共服务现状涉及的调查内容。其次，通过问卷试制—问卷信效度检验—小范围问卷发放—大范围问卷发放的调研程序，依据分层次、分类别、大样本的研究要求，遵循问卷调查的随机整群抽样调查的原则，进行"浙江省社会体育组织供给体育公共服务的现状问卷"调查及实地访谈，调研获得的资料及统计数据依托 SPSS19.0 社会学统计软件进行数理统计分析。最后，进行专题研究小组讨论，通过逻辑分析与归纳明确浙江省社会体育组织供给体育公共服务的现状。

**（四）对于"浙江省社会体育组织供给体育公共服务制度环境困境"部分**

首先，搜集相关国内外文献资料，了解社会体育组织供给体育公共服务现状涉及的调查内容。其次，通过问卷试制—问卷信效度检验—小范围问卷发放—大范围问卷发放的调研程序，依据分层次、分类别、大样本的研究要求，遵循问卷调查的随机整群抽样调查的原则，进行"浙江省社会体育组织供给体育公共服务的现状问卷"调查及实地访谈，调研获得的资料及统计数据依托 SPSS19.0 社会学统计软件进行数理统计分析。最后，进行专题研究小组讨论，通过逻辑分析与归纳明确浙江省社会体育组织供给体育公共服务制度环境困境。

**（五）对于"浙江省社会体育组织供给体育公共服务的现有模式分析"部分**

一是对现有的文献资料进行整理、收集和内容分析。二是在"浙江省社会体育组织供给体育公共服务的现状""浙江省社会体育组织供给体育公共服务制度环境困境"问卷调查及实地访谈的过程中，就浙江省社会体育组织供给体育公共服务的现有模式对社会体育组织、体育行政部门、群众进行访谈，同时进行典型案例整理、收集和分析工作，获取现有模式的第一手资料。三是进行专题研究小组讨论，通过逻辑分析与归纳对浙江省社会体育组织供给体育公共服务的现有模式进行详尽分析。

**（六）对于"国外社会体育组织供给体育公共服务的制度环境构建及其模式选择的启示"部分**

首先，采取文献资料法，对国外社会体育组织供给体育公共服务的制度环境构建及其模式选择的文献资料进行收集、整理和分析。其次，专题研究小组讨论。最后，结合文献收集所获的数据、资料以及研究成果通过头脑风暴、逻辑分析与归纳、可行性分析等方法明确国外社会体育组织供给体育公共服务的制度环境构建及其模式选择的特点及其对浙江的启示。

**（七）对于"浙江省社会体育组织供给体育公共服务制度环境建构"部分**

首先，进行专题研究小组讨论，结合"浙江省社会体育组织供给体育公共服务制度环境困境"以及"国外社会体育组织供给体育公共服务的制度环境构建及其模式选择的启示"的研究结论，提出浙江省社会体育组织供给体育公共服务制度环境建构的相关内容。其次，将提出的制度环境建构的相关内容反馈给访谈过的社会体育组织、体育行政部门、群众，获取修改意见。最后，通过小组讨论、逻辑分析、趋势分析、可行性分析等分析方法从而确立浙江省社会体育组织供给体育公共服务制度环境建构的内容。

**（八）对于"浙江省社会体育组织供给体育公共服务的模式选择及其实施路径"部分**

首先，进行专题研究小组讨论，结合"浙江省社会体育组织供给体育公共服务的现有模式分析""国外社会体育组织供给体育公共服务的制度环境构建及其模式选择的启示"的研究结论，提出浙江省社会体育组织供给体育公共服务的模式选择及其实施路径的相关内容。其次，将提出的模式选择及其实施路径的相关内容反馈给访谈过的社会体育组织、体育行政部门、群众，获取修改意见。最后，通过小组讨论、逻辑分析、趋势分析、可行性分析等分析方法从而确立浙江省社会体育组织供给体育公共服务的模式选择及其实施路径的相关内容。

## 第四节 研究创新

### 一、研究视角创新

针对既有研究成果中体育非政府组织（Non-governmental Organization，简称 NGO）和体育非营利组织（Non-Profit Organization，简称 NPO）供给体育公共服务的研究对象的内涵及外延的认知争议，将研究对象的内涵及其外延扩展至社会体育组织（Social Sport Organization），更加符合浙江省多元主体供给体育公共服务的现实情况。

### 二、研究理论创新

整合新公共管理理论、公共治理理论、政府与市场失灵理论以及第三方治理理论等形成逻辑自洽的理论主线，建构全面、系统且符合现实状况的社会体育组织供给体育公共服务的理论框架体系，从而对当前社会体育组织供给体育公共服务的界限、实现形式、功能输出与资源补偿、绩效考核等提供了更广阔的理论视野。

### 三、研究内容创新

第一，对浙江省社会体育组织供给体育公共服务的现状、制度环境困境进行大样本的调查统计分析，同时对浙江省社会体育组织供给体育公共服务的现有模式进行实际访谈、考察以及典型案例分析，具有实证研究和定量研究的特色。

第二，通过展现实例揭示国外社会体育组织供给体育公共服务的制度环境构建及其模式选择。

第三，对浙江省社会体育组织供给体育公共服务的制度环境建构及其模式选择提出了具有理论依据和实际可行的构想，从而促进浙江省社会体育组织供给体育公共服务，满足人民群众的体育需求。

# 第二章 社会体育组织的理论框架体系

## 第一节 理论基础

我们对中外相关理论研究成果加以梳理和分析，认为研究社会体育组织供给体育公共服务问题可以依托多个理论作为基础，这些理论主要是新公共管理理论、公共治理理论、政府与市场失灵理论以及第三方治理理论。

### 一、新公共管理理论

新公共管理理论（New Public Management Theory）是伴随着西方资本主义发达国家所兴起的新公共管理实践活动而产生的一种理论，该理论实质上是公共行政管理理论及其实践方式的一种与时俱进的创新，是将现代经济学以及现代管理学中的管理理论和方法运用于公共管理领域，从而追求最佳的管理效果和效益。新公共管理理论的要旨之一是对政府职能的重新审视、重新定位以及在此基础上对以政府为中心的行政管理体制进行改革和创新，对传统的公共服务供给模式进行变革以及引入市场主体——企业的管理理念、技术以及方法。新公共管理理论强调政府职能应突出对公共行政活动的主导性，从而使政府从具体的行政事务的执行者，转变为对公共行政进行宏观决策与监管的决策者、监管者。新公共管理理论认为供给公共服务是政府不可推卸的职能之一，但是政府供给公共服务存在着科层制不可避免的部门臃肿、人浮于事、供给方式单一、效率低下等问题。为了提高公共服务产品的供给效率，政府应该引入社会组织供给公共服务，从而使得公共服务供给水平和效率提升，对政府转变为服务型政府提供有益的助力。当前，我国政府正处于由行政型政府向服务型政府转变的过程之中，我国引入社会组织供给公共服务，这正是构建服务型政府的应有之义。就体育公共服务而言，当前政府仍然是主要的供给主体。由于我国人口众多，我国体育公共服务供给短缺的状况极为明显，需要社会体育组织作为补充，并依托社会体育组织自身所具有的特点来提升体育公共服务供给的效率。

## 二、公共治理理论

在 20 世纪末，推行高福利制度的西方发达国家普遍面临着公共服务供给不足、社会公众不满的公共管理危机，同时在公共服务供给中市场机制开始失灵。在此背景下依托新公共管理理论发展而形成的公共治理理论（Public Governance Theory）开始出现并逐步完善起来。公共治理理论认为公共治理（Public Governance）主要是政府部门、社会组织以及私人组织共同管理社会公共事务的一揽子方式的总和①。政府部门、社会组织以及私人组织间存在着不同甚至是相互冲突的利益，公共治理是对这些不同利益以及利益冲突进行调和、协调乃至促进政府部门、社会组织以及私人组织为实现共同利益而联合行动的持续过程②。公共治理理论强调政府部门、社会组织以及私人组织间通过妥协、合作、协商，确立不同组织间的共同利益目标，实现对公共事务的善治（Good Governance）。公共治理理论是区别于传统的政府统治方式、方法的一种社会多元主体管理模式，强调政府组织与非政府组织、国家与公民社会、公共机构与私人机构打破组织界限，实现多元主体的协调、互动与合作，共同行使管理社会的公共权力，从而协调、消弭多元主体在管理社会公共事务过程中的利益冲突与矛盾，最终实现多元主体的共同利益。公共治理理论的权威学者埃莉诺·奥

---

① 胡正昌：《公共治理理论及其政府治理模式的转变》，《前沿》2008 年第 5 期。
② 姚迈新：《公共治理的理论基础：政府、市场与社会的三边互动》，《陕西行政学院学报》2010 年第 1 期。

斯特罗姆（Elinor Ostrom）认为公共服务具有供给与生产可分离的特征，由此政府作为公共服务的供给主体从效率出发并不一定需要自身投入到公共服务的生产中，政府可以通过有效的制度安排如购买公共服务的方式向社会组织、私人企业等购买其向大众供给的公共服务①。可以说公共治理理论对公共服务供给主体多元化进行了深刻的阐述与分析，从学理上认同社会组织在公共服务供给中所具有的重要地位与作用，认为社会组织供给公共服务是公共治理理论在实践中的具体制度安排之一。当前，我国体育事业将由"政府驱动"的传统体育向"社会内生"的现代体育转型，体育事业中的多元主体治理的格局将日渐成型，由此社会体育组织供给体育公共服务成为现实必然要求。

### 三、市场、政府失灵理论

将市场机制引入公共服务供给之中，能够有效提升供给效率和水平，然而市场机制在公共服务供给过程中也会出现"市场失灵"（Market Failure）。也就是说，公共服务本身具有的非竞争性和非排他性无法解决"搭便车效应"（Free rider effect），即运用市场机制供给公共服务的私人企业由于其供给的公共服务产品有可能让社会全体成员受益，而无法从具体的受益个体获取供给成本补偿，从而导致私人企业不再供给公共服务，也就是市场机制在公共服务供给领域内的失灵。"政府失灵"（Government Failure）则是指政府供给的公共服务具有单一性、同质性的特征，无法满足社会公众多样化的公共服务需求。市场失灵与政府失灵的客观存在使公共服务供给需要引入社会组织，从而有效克服市场失灵与政府失灵。从经济学的角度来看，在公共服务供给中，政府、市场以及社会组织具有"替代性"（Substitutability），能够进行有效的供给功能替代。社会组织供给

---

① ［美］埃莉诺·奥斯特罗姆：《公共事务的治理之道》，余逊达译，上海三联书店 2000 年版，第 89 页。

公共服务是对公共服务供给过程市场失灵、政府失灵的回应及有效的解决方案①，该逻辑关系如下图2－1所示。由于公共服务供给成本无法得到有效补偿，私人企业不愿意进行供给，同时又因公共服务面对社会公众具有公益性，政府具有无可推卸的供给责任，为了提升公共服务供给效率和满足社会公众多样化的公共服务需求，政府可以选择市场和社会组织供给公共服务，从而有效规避政府失灵。另一方面，政府选择市场供给公共服务主要采取合约的形式，但是市场供给公共服务也存在问题即私人企业在供给公共服务时由于缺乏有效的监管，往往为了自身利益不依据合约来供给符合合约规定标准的公共服务，从而导致"合约失灵"（Contract Failure）也就是市场失灵的一种表现②。社会组织供给公共服务由于其自身的非营利性特征，受到"不得分配盈利"（Non-distribution Constraint）的组织性质刚性约束，从而能够有效规避合约失灵。由此可以认为具有非营利性特

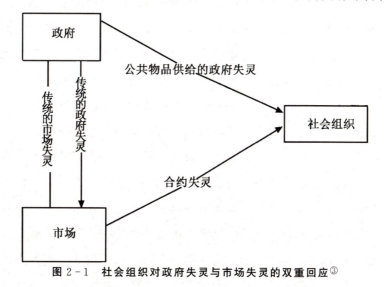

图2－1　社会组织对政府失灵与市场失灵的双重回应③

①　［美］莱斯特·M. 萨拉蒙：《公共服务中的伙伴——现代福利国家中政府与非营利组织的关系》，田凯译，商务印书馆2008年版，第240页。
②　谢蕾：《西方非营利组织理论研究的新进展》，《国家行政学院学报》2002年第1期。
③　整理改编自：秦晖：《政府与企业以外的现代化——中西公益事业史比较研究》，浙江人民出版社1999年版，第20页。

征的社会组织供给公共服务是政府和社会公众对于无法通过合约规制市场供给公共服务失范行为的一种必然的制度反应。就体育公共服务而言，目前我们仍然施行以政府及体育行政管理部门为主要供给主体的供给模式，垄断生产与供给是这种供给模式的主要特征，供给的体育公共服务具有社会公众普遍受益的正外部性，无法进行定价收费来补偿成本即政府失灵。我国一些地区已经出现政府向市场购买体育公共服务的实践活动，在这些实践活动中出现了合约失灵的现象，政府购买体育公共服务风险控制成为亟待解决的现实问题，因此我们认为需要引入社会体育组织参与体育公共服务供给来解决上述问题。

### 四、第三方治理理论

在本质上第三方治理理论可以认为是一种现代治理理念及其实践的综合，主要探讨在社会公共事务治理中政府、市场、社会组织等不同治理主体之间的关系。第三方主要是指有志于社会公共事务治理且具有治理能力的企业、社会组织以及公民个体，在实践中主要是社会组织。第三方治理理论（Third-party Governance Theory）的提出者莱斯特·M. 萨拉蒙认为社会组织作为独立于政府以及市场的第三方在参与公共服务供给中具有自身独特的优势及其重要性，并且指出政府与社会组织在公共服务供给中是伙伴关系，政府与社会组织应当合理有效的共享公共资源与公共权力并承担公共责任，从而能够有效降低政府公共服务供给的成本、提升公共服务的质量和效率。莱斯特·M. 萨拉蒙还指出社会组织之所以能够在公共服务供给中与政府结成伙伴关系，其原因在于社会组织的非营利性特征，使其能够像政府一样对公共责任进行分担[①]。体育公共服务由社会组织进行供给具有独特的优势。首先，社会体育组织一般都是以项目管理的方式来承接体育公共服务供给，使得社会体育组织供给体育公共服务时能够灵活

----

① ［美］莱斯特·M. 萨拉蒙：《公共服务中的伙伴——现代福利国家中政府与非营利组织的关系》，商务印书馆 2008 年版，第 164 页。

应变、迅速反应，能够精细、准确、及时的供给细分化、特色化、个性化的产品，从而满足社会公众多样化的体育公共服务需求。其次，由于社会体育组织自身所具有的非营利性和志愿性的特征，使其具有良好的社会形象、社会号召力以及社会资源集聚能力，特别是社会体育组织能够大量的聚集体育志愿者，从而能够依靠体育志愿者的数量、专业优势以及奉献精神来供给体育公共服务。最后，社会体育组织的非政府性、非营利性以及扎根于社会公众的特性使其能够摆脱政府组织的官僚科层结构所带来的效率低下问题，也能规避市场上私人企业供给公共服务常常伴生的合约失灵。在当前推进体育治理体系和治理能力现代化建设的背景下，应引入社会组织参与体育事业治理，由此社会体育组织参与供给体育公共服务则成为时代必然。

## 第二节　核心概念界定

### 一、社会组织

社会组织（Social Organization）作为现代社会中的社会治理主体之一，国内外学者从新公共管理理论、公共治理理论、政府与市场失灵理论、第三方治理理论等不同的理论视角进行过多样的研究，使得社会组织这一概念本身不存在普遍认同的定义。国外学术界对社会组织较为普遍的称谓为"非政府组织"（Non-Governmental Organization，缩写为 NGO），"非营利组织"（Non-Profit Organization，缩写为 NPO）以及第三部门（the Third Sector）[①]。目前国内对社会组织的称谓也未达成共识，较为普遍的称谓有"民间组织""草根组织""非政府组织""第三部门"等。需要指出的是，我国长期以来较为习惯将社会组织称为"民间组织"，即与

---

① 王会会：《非营利组织参与公共服务：基于杭州市的实证研究》，硕士学位论文，浙江大学管理学院，2010 年，第 23 页。

政府组织部门相对应的，产生、存在和发展于社会之中的组织。"草根组织"是近年来学术界对民间自发形成、扎根和服务于基层民众的组织的称谓，是当前普遍存在的民间社会团体发展类型。在党的十七大报告中，正式出现了"社会组织"这一称谓，此后在政府官方文件文本中，"社会组织"这一称谓不断出现，其特性也逐步被明晰和确定。社会组织是指独立于政府部门之外以实现社会公众利益为宗旨的，依法建立或自发形成的社会团体组织。社会组织可以与政府协作，生产、供给政府或市场都难以供给或供给效率低下的公共服务产品。

## 二、社会体育组织

社会体育组织（Social Sport Organization）是社会组织的有机组成部分，长期以来我国将非政府体育组织（Non-governmental Sport Organization）或非营利体育组织（Non-Profit Sport Organization）等同于社会体育组织造成研究外延缩小。我国社会体育组织发展具有其特殊性，许多社会体育组织不是依法建立或自发形成的社会团体组织，而是政府职能部门的延伸，即具有鲜明的"官民二重性"，这些社会体育组织按照政府职能部门的运行方式，在体育公共服务供给上和政府部门一样存在政府失灵的问题。此外，我国的社会体育组织也包括许多在民间基层自发形成的体育社会团体即草根体育组织，这类体育组织虽然不完全具有学理上的社会组织的特性，但是在体育公共服务供给领域却能发挥自身功能与作用。由此，社会体育组织是指独立于政府部门之外以实现社会公众利益为宗旨的，依法建立或自发形成的非营利性社会体育团体组织。

## 三、体育公共服务

对于体育公共服务这一概念，目前学界主要有两种概念界定。一种是广义上的体育公共服务，即将体育公共服务认定为竞技体育、学校体育和群众体育三个有机组成部分中完全或部分具有公共产品的非竞争性、非排他性的公共产品或服务。例如，周爱光教授指出"依据服务对象，体育公共服务可以划分为群众体育公共服务、竞技体育公共服务、学校体育公共服务等①"。易建东教授则是以目前我国体育部门的四大工作领域为基础，将体育公共服务划分为社会体育公共服务、竞技体育公共服务、体育文化公共服务和体育产业公共服务②。另一种是狭义上的体育公共服务，主要是从体育公共服务的对象——广大公民着手，将其界定为："为了满足无差别的公民对体育的需求，着眼于提高公众的身体素质和生活品质，为公众提供基本的体育文化享受，保障公民的社会生存与发展所必需的体育环境和条件而提供体育公共产品的服务过程的总称③。"依据浙江省现实情况，体育公共服务是指狭义的体育公共服务，即社会体育公共服务。该定义的内涵：（1）体育公共服务的对象是社会公众，体育公共服务应与社会公众的体育需求直接相关，直接体现并落实社会公众的公共利益，体育公共服务在其产品的市场调研、政策规划、利益分配、监督落实等各个环节中均需要实现"公共性"。（2）体育公共服务的目标在于供给社会公众参与体育锻炼所需要的组织服务、设施服务、活动服务、指导服务、体质监测服务、信息服务等，由此提升社会公众的身体素质、生活品质并给予精神文化享受。（3）体育公共服务与政府具有相关性。体育公共服务体现的是社会公众的利益即公共利益，这种公共利益的维护与发展与政府直接相关。人们往往把政府看作是"执行公共利益政策和促进社会总的福利事业的机构"，看作"社会共同利益"的代表，并把政府的任务即合法性确定为"服务和增进公共利益"④。因此，供给社会公众共同需要的体育公共服务是政府应具备的基本职能之一。政府为执行这种基本职能可以与社会体育组织协作，由社会体育组织供给体育公共服务。

---

① 周爱光：《从体育公共服务的概念审视政府的地位和作用》，《体育科学》2012 年第 5 期。

② 易建东：《中国体育公共服务研究》，《体育学刊》2012 年第 2 期。

③ 花楷：《我国体育公共服务财政政策研究》，博士学位论文，武汉体育学院体育教育学院，2014 年，第 15 页。

④ 闵健等：《社会公共体育产品的界定与转变政府职能的研究》，《体育科学》2005 年第 11 期。

## 第三节　社会体育组织的构成

### 一、社会体育组织的构成

我国的社会组织类型包括社会团体、基金会和民办非企业单位三类。我国社会体育组织的构成来源较为多样、复杂。根据现有相关研究成果，社会体育组织主要由以下两大部类构成：一类主要是在体育部门、民政部门依法注册的体育社团、体育民办非企业单位、体育基金会等体育非营利性组织。另一类是在民间基层自发形成，不被现行法规条例正式认可，但是在一定程度上具有非政府性、非营利性特征的民间体育项目、体育人群、健身团队等体育团体组织。以上两类社会体育组织均具有非政府性、非营利性的特征。从专业性、合法性的角度来看，第一类的社会体育组织具有较强的专业性，符合现行法规条例即具有合法性，其成立、发展和运行受到政府制度环境以及资源支持。从数量和民意、民生代表性的角度来看，第二类社会体育组织具有较强的优势，但是这类社会体育组织发展是自下而上的，政府对其发展没有或较少给予相应的制度环境以及资源支持。

### 二、浙江省社会体育组织的构成及其与职能部门、社会的关系

目前，浙江省社会体育组织供给体育公共服务与体育部门和社会产生联系，形成了完整的体系。社会体育组织的构成如图 2 - 2 所示，浙江省社会体育组织与体育部门、社会关系架构图如图 2 - 3 所示。

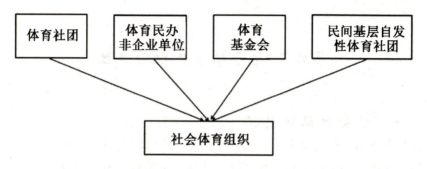

图 2-2　社会体育组织的构成

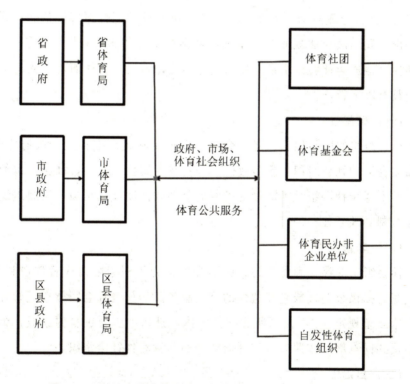

图 2-3　浙江省社会体育组织与体育部门、社会关系架构图

## 第四节 社会体育组织的特性

### 一、社会组织的特征

社会组织一般有特定的组织目标和确定的组织人员，有普遍的行为规范以及制度化的组织结构。当前我国还没有关于社会组织的基本法律，因此对社会组织的法律特征缺乏统一的法律表述。从《社会团体登记管理条例》《基金会管理条例》以及《民办非企业单位登记管理暂行条例》等可以看出，我国法律法规非常注重强调社会组织的"非营利性"特征，"非营利性"也成为社会组织最本质与核心的法律特征。具体而言，社会组织应当具有以下特征。

**（一）民间性**

社会组织的民间性意味着社会组织在体制和组织上独立于政府之外，是独立自治的社会组织，不是政府的分支或附属物。当然，社会组织的民间性并不意味社会组织不能接受政府的资助或援助，只是强调民间组织的运作机制必须是独立的。

**（二）非营利性**

社会组织的存在和发展的目的不应当是为了积累财富或者创造利润，而应当是提供公益性或者互益性的公共服务。例如《社会团体登记管理条例》第 2 条规定："本条例所称社会团体，是指中国公民自愿组成，为实现会员共同意愿，按照其章程开展活动的非营利性社会组织。"

**（三）自治性**

社会组织是独立的自治组织，也是独立的社会主体，依法按照章程独立开展活动，在人事、财务、决策等方面自主决策，不受任何个人和部门的干涉。

**（四）组织性**

社会组织应当具备制度化的组织结构。社会组织为了实现特定的目标并提高活动效益，一般都具有依据功能和分工设定的职位分层与部门分工结构。只有通过不同职位的权力结构体系，协调各个职能部门或个人的活动，才能顺利开展组织活动并达到组织目标。此外，社会组织应当具有普遍化的行动规范。它一般是以章程的形式出现，并作为组织成员进行活动的依据。

**（五）自愿性**

民间组织志愿成立，成员志愿参加，生活在社会中的一定人群依据他们共同的兴趣、意志、利益、志向、愿望等自发组建的社会组织，是自由人的自由联合体，不应是强迫、强制或行政指令性的组织。

## 二、社会体育组织的特征

依据对社会组织的一般特征的分析，社会体育组织具有非政府性、自治性、志愿性、非营利性、专业性等多重特性（见图2-4）。

**（一）非政府性是社会体育组织的根本属性**

社会体育组织不是政府组织也不应是政府组织的延伸或变形，"官民二重性"不应是社会体育组织的特性之一，只是我国体育政府职能改革和体育治理体系现代化构建尚未完成的阶段性特性。社会体育组织只有具有非政府性，才能明确自身与政府组织不同的定位和功能，才能在供给体育公共服务时避免政府组织供给时出现政府失灵的现象。

**（二）自治性是指社会体育组织赖以存在的前提特性**

社会体育组织需要发挥自身供给体育公共服务的功能与作用，首要前提就是具有独立的组织结构并且更为重要的是能够依据组织自身意愿来独立运行。我国体育领域实施的是举国体制，体育事业发展的资源由国家和政府掌控，政府既管体育也办体育，从而使体育社会组织发展依附于政府，失去了自身的自治性，社会体育组织成为事实上的"二政府"而非代表社会公众利益的社会组织。党的十八届三中全会以后，构建现代化社会治理体系成为社会治理领域的一个重要命题，体育领域中社会体育组织的自治性问题受到重视，社会体育组织供给体育公共服务具备了较好的先天条件。

**（三）志愿性是社会体育组织的行为特性**

志愿性是指社会体育组织由秉持志愿精神的体育志愿者组成，其活动所需的经费及其他资源也大多由自愿者捐赠。志愿性是社会体育组织供给体育公共服务得以实行的现实条件。只有当社会体育组织具有志愿性，才能使其以服务社会大众作为组织发展和存在的最终目标。

**（四）非营利性是社会体育组织区别于市场的本质属性**

社会体育组织在供给体育公共服务过程中，为了追求供给效率会运用市场机制，也会存在供给成本补偿问题，然而这些都只是方式和手段，并不是最终目的。社会体育组织供给体育公共服务需要坚持非营利性，只有这样才能有效规避市场失灵，维护社会公众利益。

**（五）专业性是支撑社会体育组织供给体育公共服务的基础条件**

体育公共服务是具有特殊属性的公共服务产品，社会体育组织作为具有专业属性的社会组织，其专业性决定体育公共服务供给的能力及品质。

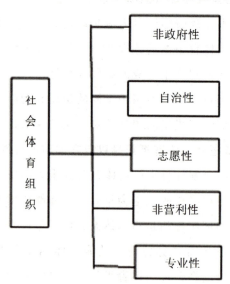

图 2-4  社会体育组织的特性

## 第五节　社会体育组织供给体育公共服务的范畴及内容

### 一、社会体育组织供给体育公共服务的范畴

社会体育组织供给体育公共服务的范畴大致可以划分为两大类，一类是纯体育公共服务产品，另一类是准体育公共服务产品或混合型体育公共服务产品。

### 二、社会体育组织供给体育公共服务的内容

社会体育组织供给体育公共服务的内容极为丰富多样，具体可以划分为组织服务、设施服务、活动服务、指导服务、体质监测服务以及体育信息服务。

表 2-1　社会体育组织供给体育公共服务的具体内容

| 类别 | 定义 | 举例 |
|---|---|---|
| 组织服务 | 动员社会公众参与体育活动并对其进行管理的体育公共服务 | 健身活动的组织服务、健身活动的管理服务、健身机构的设置服务以及保证健身活动正常开展的健身娱乐法规建设服务 |
| 设施服务 | 供给社会公众参与体育活动的场馆、设施、设备等经费保障、配套设施服务 | 场地、器材的建设服务，活动开展的经费保障服务，社区和单位、企业资源共享服务以及利用和创造良好的健身娱乐环境并提供相应的配套设施服务 |
| 活动服务 | 组织社会公众参与各种体育活动的服务 | 群众性体育竞赛活动，社区综合体育运动会策划、实施 |
| 指导服务 | 社会公众科学、有效参与体育的指导、培训服务 | 社区健身点的健身指导，传统体育项目的培训指导 |
| 体质监测服务 | 对社会公众的体质状况进行测评、监察、管理和干预的服务 | 国民体质监测服务，体医结合建立体质健康档案 |
| 体育信息服务 | 向社会公众提供各类教育服务、知识服务、宣传服务 | 提供体育健身信息宣传栏，开发体育健身APP，进行体育教育、宣传活动 |

# 第三章 浙江省社会体育组织
# 供给体育公共服务的现状

## 第一节 社会体育组织基本情况

### 一、社会体育组织类型

在 2017 年年初的浙江省体育社团实体化建设推进会上，浙江省体育局公布有关数据显示，截至 2016 年，浙江省共有体育社团 2148 个，较 2014 年增长 22.3%；从浙江省各地级市体育社团数量分布来看，温州市、杭州市分别以 69 个社团、56 个社团领先全省①。从问卷统计情况来看，当前浙江省社会体育组织类型多样，既有体现各地级市特色体育项目的社会体育组织，也有体现各地级市社会体育组织发展过程的具有代表性的社会体育组织；既有以奥运比赛项目为特色的社会体育组织，也有以民间体育项目为主要内容的社会体育组织，更有在休闲体育发展过程中出现的以社会公众喜闻乐见的休闲体育项目为主的社会体育组织。应该说，本次调查详尽反映了浙江省各地级市社会体育组织的项目特点和整体发展情况，具有全面性、整体性和针对性（见表 3-1）。

---

① 方堃、詹成芳：《浙江破体育社团"倒金字塔"结构 1438 万促实体化改革》，2017 年 1月 12 日，见 http://www.chinanews.com/ty/2017/01-12/8122571.shtml。

**表 3-1  浙江省社会体育组织类型情况（n＝347）**

| 社会体育组织 | 数量 | 社会体育组织 | 数量 |
|---|---|---|---|
| 体育总会 | 24 | 网球运动协会 | 4 |
| 老年体育协会 | 17 | 冬泳协会 | 7 |
| 农民体育协会 | 15 | 乒乓球协会 | 11 |
| 中老年篮球协会 | 6 | 登山、攀岩协会 | 5 |
| 足球协会 | 14 | 太极拳协会 | 5 |
| 篮球协会 | 20 | 围棋协会 | 6 |
| 羽毛球协会 | 15 | 钓鱼协会 | 7 |
| 游泳协会 | 19 | 象棋协会 | 4 |
| 武术协会 | 11 | 信鸽协会 | 2 |
| 定向运动协会 | 4 | 保龄球协会 | 3 |
| 自行车协会 | 7 | 体育舞蹈协会 | 7 |
| 排球协会 | 7 | 棋牌运动协会 | 6 |
| 健美运动协会 | 8 | 摩托车运动协会 | 4 |
| 电子竞技协会 | 10 | 射击协会 | 3 |
| 门球运动协会 | 7 | 台球运动协会 | 7 |
| 跆拳道协会 | 4 | 田径协会 | 5 |
| 汽车运动协会 | 5 | 航空运动协会 | 2 |
| 热气球运动协会 | 1 | 户外运动协会 | 11 |
| 铁人三项协会 | 1 | 毽球协会 | 3 |
| 空手道协会 | 3 | 体操协会 | 2 |
| 国际标准交际舞协会 | 4 | 射箭协会 | 4 |
| 桥牌协会 | 8 | 汽车摩托车运动协会 | 6 |
| 轮滑协会 | 7 | 老年人门球协会 | 4 |
| 排舞协会 | 10 | 高尔夫协会 | 2 |

## 二、社会体育组织成立时间

对浙江省各地级市社会体育组织成立时间的调查能够体现如下特点：第一，一些地级市社会体育组织如体育总会以及具有地方特色的民族、民间体育项目的社会体育组织成立时间较早，最早可以追溯至 20 世纪 50 年代。新中国成立后，浙江省体育事业发展受到重视，省以及地市级体委纷纷成立，在体委扶持下体育总会等具有官方背景的社会体育组织也陆续成立。第二，20 世纪六七十年代，社会经济文化发展停滞，导致浙江省社会体育组织发展中断。第三，20 世纪 80 年代，以我国参加奥运会为代表，我国体育事业发展步入国际舞台，使得国内体育事业蓬勃发展，社会公众对参与体育锻炼具有极大的热情，在这样的背景下，浙江省社会体育组织也得到了蓬勃发展。第四，20 世纪 90 年代，随着浙江省经济和社会的不断发展，居民生活水平不断提高，以及全民健身运动的兴起，这一时期有关全民健身的社会体育组织开始快速发展。第五，在 21 世纪前 10 年，浙江省已经成为我国社会经济发展的先发地区，新兴体育项目、休闲体育项目以及贵族体育项目的社会体育组织开始快速发展起来。第六，2010 年至今，随着促进我国体育事业、体育产业的一系列规划、意见的颁布，浙江省社会体育组织进入高速发展阶段（见表 3-2）。

表 3-2　社会体育组织成立时间情况（n=347）

| 时间 | 数量 | 比重（%） |
| --- | --- | --- |
| 20 世纪 50 年代 | 88 | 25.3 |
| 20 世纪六七十年代 | 0 | 0 |
| 20 世纪 80 年代 | 78 | 22.5 |
| 20 世纪 90 年代 | 36 | 10.4 |
| 21 世纪前 10 年 | 23 | 6.6 |
| 2010 年至今 | 122 | 35.2 |
| 总计 | 347 | 100 |

### 三、社会体育组织主管部门

如表 3-3 所示，目前浙江省社会体育组织中既存在有明确的上级主管部门的情况，也存在一些社会体育组织无上级主管部门的情况。学术界普遍认为我国社会体育组织的业务主管部门主要是各级体育局。调查表明：第一，浙江省社会体育组织业务主管部门的确是具有一定行政级别的体育局、民政局或其他行政机构。其中，体育总会主要由各级体育局（文体局）为业务主管部门，各级体育局（文体局）的局长一般兼任各体育总会的会长。同时，各个单项运动协会和人群体育协会均将当地的体育局（文体局）或体育总会作为业务主管部门。第二，一些单项运动协会特别是新兴体育项目、休闲体育项目以及贵族体育项目的单项运动协会将民政局作为主管部门。第三，随着浙江省放开和简化社会组织登记管理，一些基层社会体育组织如社区单项运动协会依据相关规定主要在街道办事处进行登记，从而使得街道办事处开始作为其业务主管部门。第四，在调查中，一些基层社会体育组织没有主管部门进行监管，这些基层社会体育组织一般自发形成健身锻炼团体，可以更形象的称之为草根体育组织。

表 3-3　社会体育组织主管部门情况（n＝347）

| 主管部门 | 数量 | 比重（%） |
|---|---|---|
| 体育总会 | 92 | 26.5 |
| 市体育局 | 104 | 30.0 |
| 民政局 | 17 | 4.9 |
| 文体局 | 33 | 9.5 |
| 街道办事处 | 94 | 27.1 |
| 其他 | 7 | 2.0 |
| 总计 | 347 | 100 |

## 四、社会体育组织人员构成

当前浙江省社会体育组织人员主要由专职人员、兼职人员以及志愿人员构成，调查结果表明：在被调查的347个社会体育组织中，共有专职人员897人，占人员总数的10.2%；兼职人员3780人，占人员总数的42.8%；志愿人员4145人，占人员总数的47.0%（见表3-4）。从调查数据中我们可以看出，当前浙江省社会体育组织人员数量明显偏少，特别是专职人员数量更少，同时志愿人员队伍建设也不甚理想。专职人员是社会体育组织开展活动的必备基础条件之一，但是目前浙江省社会体育组织专职人员偏少，一些社会体育组织甚至没有专职人员（见表 3－5），这种情况已经严重影响社会体育组织活动的正常开展，对于社会体育组织供给体育公共服务而言更是严重的阻碍。对于社会体育组织而言，志愿人员是具有一定体育专业技能、公益精神和奉献精神的人员，学术界以及中外社会体育组织发展的实践业已表明，志愿人员是社会体育组织开展活动，服务社会公众所必须的人力资源基础条件。一支人员专业水平高、数量多且稳定的志愿人员队伍对于社会体育组织开展活动、服务社会公众至关重要，同时志愿奉献、不拿报酬的志愿人员也是社会体育组织非营利性的根基所在。目前，浙江省社会体育组织志愿人员队伍发展不尽如人意，突出表现是志愿人员总数占社会体育组织人员总数的 50％左右，而国外发达国家的社会体育组织志愿人员比例可以达到体育社会组织人员总数的 60％—70％。同时，浙江省一些地区的社会体育组织志愿人员队伍建设情况较好。例如，浙江省自 2008 年开始进行省级体育总会和先进体育社团评选工作，宁波市已有慈溪、北仑、镇海、宁海、鄞州、奉化、余姚、象山、江东等县（区）体育总会被评选为省级先进体育总会，篮球、模型无线电、围棋、排球、门球、网球、乒乓球、户外运动、象棋、足球、自行车、武术、钓鱼、信鸽、风筝等单项运动协会以及老年人体协被评选为省级先进体育社团。宁波市社会体育组织发展状况良好得益于其志愿人员队伍的发展壮大，经过多年发展宁波市的社会体育组织志愿人员队伍不仅数量多，而且专业水平较高。一些非奥运会项目的单项协会如体育舞蹈协会、排舞协会、户外运动协会、太极拳协会等社会体育组织的志愿人员队伍建设也相对较好，由此表明社会公众对于健身、休闲、娱乐的追求的热情，也说明这类社会体育组织有较大的社会需求。

表 3-4 社会体育组织人员构成 (n=347)

| 类型 | 数量 | 平均数 | 比重（%） |
|---|---|---|---|
| 专职人员 | 897 | 2.59 | 10.2 |
| 兼职人员 | 3780 | 10.89 | 42.8 |
| 志愿人员 | 4145 | 11.95 | 47.0 |
| 总计 | 8822 | 8.48 | 100% |

表 3-5 社会体育组织专职人员情况 (n=347)

| 专职人员情况 | 数量 | 比重（%） |
|---|---|---|
| 无专职人员 | 33 | 9.5 |
| 1—4 人 | 130 | 37.5 |
| 5—10 人 | 157 | 45.2 |
| 10 人以上 | 27 | 7.8 |
| 总计 | 347 | 100% |

## 五、社会体育组织基本设施

社会体育组织开展各类活动服务社会公众需要依托一定的物质条件，如固定的办公场所、体育场馆、体育器械等，缺乏这些物质条件社会体育组织将无法开展日常活动，社会体育组织可持续发展以及供给体育公共服务等迫切需要良好的基本设施。如表 3-6 所示，拥有固定办公场所的社会体育组织占调查总数的 54.5%；有体育场馆的占调查总数的 22.5%；有体育器械的占调查总数的 26.8%。通过数据我们可以看出，当前浙江省社会体育组织发挥组织功能与作用服务于社会公众还受基本设施这一物质条件的制约。社会体育组织基本设施主要来源于政府投入、社会资助、组织成员捐助以及组织开展经营活动的收益等，当前这些均存在短板。

表 3－6　社会体育组织基本设施情况（n＝347）

| 设施情况 | 数量 | 比重（%） |
|---|---|---|
| 固定办公场所 | 189 | 54.5 |
| 体育场馆 | 78 | 22.5 |
| 体育器械 | 93 | 26.8 |
| 无任何基本设施 | 117 | 33.7 |

注：此题是多选题。

## 六、社会体育组织资金来源

学术界研究成果早已表明，资金是社会体育组织运行和供给体育公共服务最为重要的资源要素。我们发现浙江省社会体育组织最主要的资金来源是政府财政拨款或委托项目支付，其次是会费和成员捐赠，再次是企业或私人捐赠（见表 3-7）。这表明，当前浙江省社会体育组织的主要资金来源还是政府、会员费以及捐赠等外来资金，社会体育组织自我创收的资金来源较少。当前浙江省社会体育组织的资金来源不再是单一渠道，许多社会体育组织拥有两种及两种以上的资金来源。既往有关研究成果认为浙江省社会体育组织的资金来源主要是政府财政拨款或委托项目支付这条单一渠道[①]。随着社会经济发展以及政府职能改革这一情况已经得到一定程度的改善。

表 3-7　社会体育组织资金来源情况（n＝347）

| 资金来源 | 数量 | 比重（%） |
|---|---|---|
| 政府财政拨款或委托项目支付 | 257 | 74.1 |
| 会费和成员捐赠 | 186 | 53.6 |
| 企业或私人捐赠 | 141 | 40.6 |
| 开办实体或服务收入 | 89 | 25.6 |
| 组织领导个人积蓄 | 21 | 6.1 |
| 国内外基金会 | 2 | 0.6 |

注：此题是多选题。

---

① 程路明：《社会管理创新的浙江体育社团》，《浙江体育科学》2011 年第 6 期。

## 七、社会体育组织内部结构及决策方式情况

社会体育组织的特性和功能与其内部结构直接相关，目前浙江省社会体育组织通过发展，其内部组织结构趋向规范化，突出表现就是近 2/3 的调查对象都成立了理事会。在社会体育组织的重大决策方面，理事会发挥了重大作用。同时社会体育组织也注重让全体成员进行协商决策（见表 3－8、表 3－9）。没有设立理事会的社会体育组织大多是草根体育组织等基层社会体育组织，这些社会体育组织重大决策主要是全体成员协商。不容忽视的是，不管有无理事会，浙江省社会体育组织重大决策活动还是受到业务主管部门的干预，同时也存在由少数领导人家长式决策的情况。由此可见，浙江省社会体育组织的内部结构以及决策规范尚需改进。

表 3－8　有理事会的社会体育组织重大决策方式（n＝219）

| 重大决策采取的方式 | 数量 | 比重（％） |
| --- | --- | --- |
| 理事会决定 | 102 | 46.6 |
| 全体成员协商 | 57 | 26.0 |
| 两个以上主要领导决定 | 19 | 8.7 |
| 负责人个人决定 | 14 | 6.4 |
| 业务主管部门决定 | 27 | 12.3 |
| 总计 | 219 | 100 |

表 3－9　无理事会的社会体育组织重大决策方式（n＝128）

| 重大决策采取的方式 | 数量 | 比重（％） |
| --- | --- | --- |
| 全体成员协商 | 70 | 54.7 |
| 两个以上主要领导决定 | 23 | 18.0 |
| 负责人个人决定 | 14 | 10.9 |
| 业务主管部门决定 | 21 | 16.4 |
| 总计 | 128 | 100 |

## 第二节  社会体育组织供给
## 体育公共服务的认识情况

### 一、社会体育组织供给体育公共服务的认识程度

在我国，社会组织供给公共服务始于 21 世纪初，且始发区域在上海、苏州、广州等经济发达区域。随后我国其他省市的社会体育组织也开始了供给体育公共服务的实践。浙江省作为我国经济发展的先发地区，其体育事业改革也走在了全国前列，社会体育组织供给体育公共服务作为体育事业改革的一个重要方面，其发展较早。例如，浙江省自 2008 年开始进行省级体育总会和先进体育社团评选工作，其评选标准中就有社会体育组织供给体育公共服务的相关内容。2012 年《国家基本公共服务体系"十二五"规划》正式颁布，该规划强调要创新基本公共服务供给模式，引入竞争机制，积极采取购买服务等方式，形成多元参与、公平竞争的格局，不断提高基本公共服务的质量和效率。为实现这一目标，体育公共服务多元主体竞争与合作的制度框架开始逐步形成[①]。在此背景之下，浙江省开始进一步进行社会体育组织供给体育公共服务的实践探索活动。由此可见，浙江省社会体育组织供给体育公共服务的实践活动开展较早，社会体育组织对于自身供给体育公共服务具有较为明确的认识和感知（见表 3-10）。

表 3-10    社会体育组织供给体育公共服务的认识程度（n＝347）

| 选项 | 数量 | 比重（％） |
| --- | --- | --- |
| 了解 | 88 | 25.3 |
| 较为了解 | 78 | 22.5 |

---

① 刘玉：《改革开放 30 年我国体育公共服务供给模式转型与现实选择》，《体育科学》2013年第 2 期。

续表

| | | |
|---|---|---|
| 一般 | 122 | 35.2 |
| 较不了解 | 36 | 10.4 |
| 不了解 | 23 | 6.6 |
| 总计 | 347 | 100 |

## 二、社会体育组织与政府部门相比供给体育公共服务的优势

相关理论研究成果认为，社会组织供给公共服务时因其所具有的独立性、非营利性、志愿性等特性较之政府部门有其无可比拟的优势。社会体育组织也认为自身供给体育公共服务较之政府部门具有一定的优势。这些优势主要体现在社会体育组织供给体育公共服务更具专业性、更有效率、更能贴近服务对象等。同时相较于政府部门，社会体育组织供给体育公共服务在成本上并不具有较大的优势。由此可见，社会体育组织供给体育公共服务的必要性及其可行性就在于这些优势，为促进社会体育组织供给体育公共服务需要改进和提升这些优势。

表 3-11　社会体育组织与政府部门相比供给体育公共服务的优势（n＝347）

| 与政府部门相比的优势 | 数量 | 比重（%） |
|---|---|---|
| 更接近服务对象 | 213 | 61.4 |
| 服务的专业性更强 | 258 | 74.4 |
| 服务的效率更高 | 227 | 65.4 |
| 服务的态度更好 | 188 | 54.2 |
| 获得的需求信息反馈更及时 | 194 | 55.9 |
| 成本更低 | 169 | 48.7 |
| 没有优势 | 7 | 2.0 |
| 其他 | 5 | 1.4 |

注：此题是多选题。

## 三、社会体育组织对自身与政府关系的认识

在社会体育组织对自身与政府关系这个问题上，许多社会体育组织认为是伙伴关系，同时也有社会体育组织认为是领导与被领导的关系，还有社会体育组织认为是互补关系（见表3-12）。这一调查结果表明，一方面，随着我国政府职能改革以及社会组织功能与作用被日益重视，社会体育组织的社会地位逐步提升。另一方面，由于改革还在进行之中，所以一些地方的社会体育组织的独立性还比较欠缺，这些社会体育组织与政府的关系就是领导与被领导的关系。

表 3-12  社会体育组织对自身与政府关系的认识（n＝347）

| 自身与政府关系 | 数量 | 比重（%） |
|---|---|---|
| 领导与被领导关系 | 107 | 30.8 |
| 互补关系 | 97 | 28.0 |
| 伙伴关系 | 128 | 36.9 |
| 竞争关系 | 13 | 3.7 |
| 其他 | 2 | 0.6 |
| 合计 | 347 | 100 |

## 四、社会体育组织对供给体育公共服务的政策了解程度

在2012年《国家基本公共服务体系"十二五"规划》颁布之后，浙江省积极进行体育公共服务多元主体竞争与合作的制度框架构建工作并取得了一定的成绩。目前，浙江省有关社会体育组织供给体育公共服务的政策主要见于3类政策文本，一是《浙江省基本公共服务体系"十二五"规划》《浙江省基本公共服务体系"十三五"规划》等有关基本公共服务体系的发展规划。例如在《浙江省基本公共服务体系"十三五"规划》强调要加强对社会体育组织的培育。二是《浙江省体育事业发展"十二五"规划》《浙江省体育事业发展"十三五"规划》《全民健身实施计划（2016—

2020 年）》省级以及各地级市、区（县）颁布的地方体育事业"十二五"
"十三五"发展规划以及"全民健身实施计划"，例如浙江省 11 个地市相
继出台了相关政策文件，明确把体育社团改革发展纳入《体育发展"十三
五"规划》和《全民健身实施计划（2016—2020 年）》①。这些发展规划
和实施计划对于扶持社会体育组织发展，促进其供给体育公共服务给予了
明确的政策指导意见。三是《浙江省人民政府关于加快发展体育产业促进
体育消费的实施意见》《2017 年浙江省群众体育工作要点》等有关专项政
策文本，这些专项政策文本对于社会体育组织供给体育公共服务给予了更
为明确的发展目标以及相应的政策举措。例如，《浙江省人民政府关于加
快发展体育产业促进体育消费的实施意见》强调"将适合由社会组织提供
的公共服务和承办的事项，交由社会组织承担"。在这样的背景下，浙江
省社会体育组织对供给体育公共服务的政策了解程度较为全面（见表 3 -
8）。当然，被调查对象也反映政策文件对推进社会体育组织供给体育公共
服务的具体描述过少，具体实施政策和意见也较为缺乏，政策相当于顶层
设计层面的总体发展规划以及目标愿景，说明政策设计仍处于初级阶段。

表 3 - 13 社会体育组织对供给体育公共服务的政策了解程度 (n＝347)

| 选项 | 数量 | 比重（%） |
| --- | --- | --- |
| 了解 | 88 | 25.3 |
| 较为了解 | 78 | 22.5 |
| 一般 | 122 | 35.2 |
| 较不了解 | 36 | 10.4 |
| 不了解 | 23 | 6.6 |
| 总计 | 347 | 100 |

---

① 方堃、詹成芳：《浙江破体育社团"倒金字塔"结构 1438 万促实体化改革》，2017 年 1
月 12 日，见 http://www.chinanews.com/ty/2017/01 - 12/8122571.shtml。

## 五、社会体育组织供给体育公共服务的发展态势

就浙江而言，社会体育组织供给体育公共服务在本质上属于体育体制改革的重要方面，是谋求在体育领域实现多元主体共同治理的现代化的体育治理体系，也是打破部门封闭、界限与多元主体协作联动共同发展的大体育发展观。国外社会体育组织供给体育公共服务的实践已经成熟，并取得了惊人的社会效果。因此被调查对象大多认为浙江省社会体育组织供给体育公共服务的发展态势较好（见表 3-14）。

表 3-14　社会体育组织供给体育公共服务的发展态势一览表（n＝347）

| 选项 | 数量 | 比重（%） |
|---|---|---|
| 明显 | 145 | 41.9 |
| 较为明显 | 89 | 25.6 |
| 一般 | 57 | 16.4 |
| 较不明显 | 33 | 9.5 |
| 不明显 | 23 | 6.6 |
| 总计 | 347 | 100 |

## 六、社会体育组织供给体育公共服务对浙江省体育事业发展的影响

从逻辑上看，浙江省各级政府为推进社会体育组织供给体育公共服务推出了一些政策，在实践中也通过政府购买体育公共服务等形式来加以推进，但其政策推出的前提是社会体育组织供给体育公共服务对于浙江体育事业特别是群众体育事业发展具有极为重要的影响。事实上作为经济发达省份，21 世纪初以来，浙江省就积极推进体育现代化。2016 年《浙江省体育发展"十三五"规划》又明确提出要推动浙江省体育从"政府驱动"的传统体育向"社会内生"的现代体育转型。就群众体育而言，其具体目标就是体育公共服务能力和水平进一步增强，基本建成"全覆盖、高水

平"的体育公共服务体系。为达成此目标并结合体育治理体系和治理能力现代化的背景，浙江省应积极促进社会体育组织供给公共体育服务，因此凸显了社会体育组织供给体育公共服务对浙江体育事业发展的重大影响。调查结果验证了这一逻辑推断，大多数调查对象认为社会体育组织供给体育公共服务对浙江省体育事业发展具有重要影响（见表 3 - 15）。

表 3 - 15  社会体育组织供给体育公共服务对浙江省体育事业发展影响一览表（n＝347）

| 选项 | 数量 | 比重（％） |
| --- | --- | --- |
| 极为重要 | 137 | 39.5 |
| 重要 | 165 | 47.5 |
| 一般 | 23 | 6.6 |
| 不重要 | 17 | 4.9 |
| 极不重要 | 5 | 1.5 |
| 总计 | 347 | 100 |

## 七、社会体育组织今后供给体育公共服务的意愿

浙江省社会体育组织受到外部政策环境的影响其供给体育公共服务的意愿比较强烈（见表 3 - 16）。2008 年浙江省进行省级体育总会和先进体育社团评选工作以来，其评选标准中包含供给体育公共服务的条款和内容，如在"活动普及""注重培训宣传""社会化、产业化"的评选标准中就有相应的内容与供给体育公共服务相关。近年来，为了推动社会体育组织改革，浙江省各地采取购买服务、委托培训、交办赛事活动等形式，着力增强体育社团的自我造血能力，合力扶持社会体育组织体育社团做大做实[1]。2017 年 2 月，浙江省体育局、浙江省体育总会印发的《2017 年浙江省群众体育工作要点》中就提出要"明确政府购买公共体育服务（群体

---

[1]  方堃、詹成芳：《浙江破体育社团"倒金字塔"结构 1438 万促实体化改革》，2017 年 1 月 12 日，见 http://www.chinanews.com/ty/2017/01-12/8122571.shtml。

类）项目，落实购买省级各类体育单项协会赛事、培训等公益活动 300
项①"。随着浙江省社会体育发展以及社会公众体育需求的不断增长，将
有越来越多的社会体育组织有意愿参与体育公共服务的供给。

表 3－16　社会体育组织今后供给体育公共服务的意愿（n＝347）

| 选项 | 数量 | 比重（%） |
| --- | --- | --- |
| 意愿极强 | 137 | 39.5 |
| 意愿较强 | 165 | 47.5 |
| 一般 | 23 | 6.6 |
| 意愿不强 | 17 | 4.9 |
| 意愿极不强 | 5 | 1.5 |
| 总计 | 347 | 100 |

## 第三节　社会体育组织供给体育公共服务情况

### 一、社会体育组织是否供给过体育公共服务

当前浙江省社会体育组织大多供给过体育公共服务（见表 3－17）。究
其主要原因，是 21 世纪初以来，作为经济发达省份以及体育体制改革先
发地区，浙江省体育谋求转型，积极推进体育现代化建设。2016 年《浙
江省体育发展"十三五"规划》又明确提出要推动浙江省体育从"政府驱
动"的传统体育向"社会内生"的现代体育转型，具体目标是体育公共服
务能力和水平进一步增强，基本建成"全覆盖、高水平"的体育公共服务
体系。因此，浙江省社会体育组织越来越多的参与体育公共服务供给。

---

　　①　群众体育处：《浙江省体育局 浙江省体育总会关于印发〈2017 年浙江省群众体育工作要
点〉的通知》，2017 年 2 月 21 日，见 http://zfxxgk.zj.gov.cn/xxgk/jcms_files/jcms1/web42/
site/art/2017/2/21/art_3076_1695170.html。

表 3-17  社会体育组织是否供给过体育公共服务 (n=347)

| 选项 | 数量 | 比重（%） |
|------|------|-----------|
| 是 | 258 | 74.3 |
| 否 | 89 | 25.7 |
| 总计 | 347 | 100 |

## 二、社会体育组织供给过体育公共服务的主要原因

浙江省社会体育组织供给体育公共服务具有多种原因，其中服务于社会需求和接受主管部门指派是其供给体育公共服务的主要原因之一（见表3-18）。这在总体上反映出浙江省社会体育组织供给体育公共服务具有正确的动机，但是同时主管部门的干预也成为其供给体育公共服务的另一个主要原因。

表 3-18  社会体育组织供给体育公共服务的主要原因 (n=258)

| 主要原因 | 数量 | 比重（%） |
|----------|------|-----------|
| 社会需要 | 142 | 55.0 |
| 主管部门指派 | 61 | 23.6 |
| 价值因素 | 26 | 10.1 |
| 经济因素 | 12 | 4.7 |
| 兴趣爱好 | 5 | 1.9 |
| 历史传统 | 12 | 4.7 |
| 总计 | 258 | 100 |

## 三、社会体育组织供给体育公共服务的内容

社会体育组织供给的体育公共服务，具体可以划分为组织服务、设施服务、活动服务、指导服务、体质监测服务以及体育信息服务。对已经供给过体育公共服务的浙江省社会体育组织就其供给的内容进行调查发现：

（1）从总体上来看，浙江省社会体育组织供给的体育公共服务丰富多

样，已经涉及上述 6 种体育公共服务产品。

（2）作为个体的浙江省社会体育组织供给体育公共服务并不是单一类型的供给，往往能够供给 2 种以上的体育公共服务产品。

（3）设施服务、活动服务、指导服务是浙江省社会体育组织供给的较为常见的体育公共服务产品。体质监测服务以及体育信息服务由于专业性很强，需要许多专业设备因此供给较少（见表 3-19）。

表 3-19　社会体育组织供给体育公共服务的内容（n=258）

| 选项 | 数量 | 比重（%） |
| --- | --- | --- |
| 组织服务 | 123 | 47.7 |
| 设施服务 | 187 | 72.5 |
| 活动服务 | 179 | 69.4 |
| 指导服务 | 208 | 80.6 |
| 体质监测服务 | 78 | 30.2 |
| 体育信息服务 | 68 | 26.4 |

注：此题是多选题。

## 四、社会体育组织供给的体育公共服务对象

调查表明：

（1）浙江省社会体育组织具有广泛的服务对象，既有数量较多的普通社会公众也包含人数较少的特殊群体，如残疾人等。

（2）浙江省社会体育组织供给区域主要以社区为主，包括城市社区、农村社区，因此当前浙江省社会体育组织供给的体育公共服务主要是社区体育公共服务。

（3）浙江省社会体育组织也特别注重对老年人、外来务工人员及其子弟、学生群体提供体育公共服务（见表 3-20）。

**表 3-20 社会体育组织供给的体育公共服务的对象 (n=258)**

| 服务对象 | 数量 | 比重（%） |
|---|---|---|
| 普通社会公众 | 234 | 90.7 |
| 会员 | 115 | 44.6 |
| 企业 | 56 | 21.7 |
| 社区居民 | 211 | 81.8 |
| 特殊群体 | 43 | 16.7 |
| 学校 | 35 | 13.6 |
| 农村社区 | 112 | 43.4 |
| 政府 | 28 | 10.9 |
| 其他 | 23 | 8.9 |

注：此题是多选题。

## 五、服务效果自评

在供给过体育公共服务的浙江省社会体育组织中，有 70% 的组织认为自身供给的体育公共服务效果好，认为自身供给的体育公共服务效果一般或是差的组织数量较少（见表 3-21）。事实上，近年来浙江省一些社会体育组织结合优势项目，进行"一地一品"的活动建设，通过健身辅导、举办群众性体育竞赛等体育公共服务取得显著成效。例如，温州市被全国游泳协会授予"全国游泳之乡"，丽水市被全国围棋协会授予"全国围棋之乡"，平阳、桐乡、义乌、黄岩等地被中国武术协会授予"全国武术之乡"等[1]。服务效果一般或较差的原因是有些社会体育组织缺乏资金、有专业能力的人员，从而导致服务效果不理想。

---

[1] 方堃、詹成芳：《浙江破体育社团"倒金字塔"结构 1438 万促实体化改革》，2017 年 1 月 12 日，见 http://www.chinanews.com/ty/2017/01-12/8122571.shtml。

表 3-21　社会体育组织供给体育公共服务的效果自评 （n＝258）

| 服务效果自评 | 数量 | 比重（%） |
|---|---|---|
| 服务效果极好 | 73 | 28.3 |
| 服务效果较好 | 113 | 43.8 |
| 一般 | 43 | 16.7 |
| 服务效果较差 | 22 | 8.5 |
| 服务效果极差 | 7 | 2.7 |
| 总计 | 258 | 100 |

## 六、社会体育组织供给体育公共服务面临的困难

　　浙江省社会体育组织供给体育公共服务面临着许多困难（见表 3-22），其中缺乏经费是社会体育组织供给体育公共服务所面临的最为普遍的困难。截至 2016 年 10 月，浙江全省体育社团资产总值约 3.75 亿元，平摊到全省 2148 个体育社团，平均每个体育社团的资产总值仅为 174.58 万元[①]。看似金额大，但是浙江人口总数达到了 5000 万，另有 2000 万外来务工人员，体育公共服务所需经费缺口较大。除此之外，社会体育组织供给体育公共服务还面临着诸多困难。我们认为这些困难可以划分为两类，一类是外部环境困难，另一类是组织自身困难。

表 3-22　社会体育组织供给体育公共服务面临的困难 （n＝347）

| 选项 | 数量 | 比重（%） |
|---|---|---|
| 缺乏经费 | 329 | 94.8 |
| 缺乏专业人员组织实施 | 311 | 89.6 |
| 供给过程中的权责利难以划清 | 256 | 73.8 |
| 缺乏场地、设施及器材 | 289 | 83.3 |
| 领导不够重视 | 235 | 67.7 |

---

　　① 方堃、詹成芳：《浙江破体育社团"倒金字塔"结构 1438 万促实体化改革》，2017 年 1 月 12 日，见 http://www.chinanews.com/ty/2017/01-12/8122571.shtml。

续表

| 缺乏相应资质与资格 | 278 | 80.1 |
|---|---|---|
| 体育公共服务方面的政府职能改革滞缓 | 266 | 76.7 |
| 缺乏相关体育法规制度的支持 | 196 | 56.5 |
| 与其他组织业务相冲突 | 178 | 51.3 |
| 与外界的联络沟通渠道不畅 | 154 | 44.4 |
| 体育公共服务供给能力不足 | 304 | 87.6 |
| 其他 | 276 | 79.5 |

注：此题是多选题。

## 七、政府对社会体育组织供给体育公共服务的支持形式

从治理理论视角来看，地方政府在治理主体多元化的同时，必须扮演"元治理"的角色，地方政府应该按照服务型政府、法治型政府、责任型政府、透明型政府的要求进行改革，推动地方政府职能转变，把政府职能的重点放在公共服务与社会治理上[1]。就供给体育公共服务而言，政府与社会体育组织是合作伙伴关系，社会体育组织供给体育公共服务需要政府给予多种形式的支持。浙江省社会体育组织供给体育公共服务大都受过政府有关部门的支持（见表3-23）。其中"以政府购买形式提供一定的经费支持与补偿"是最为常见的支持形式。事实上，我国社会体育组织供给体育公共服务主要是以政府购买形式来实现的。政府购买服务就是政府为实现或加强政府公共服务职能的需要，与营利组织、非营利组织（居民）或其他政府部门签订契约，由政府确定服务的种类及品质，向受托者支付费用以购买全部或部分公共服务进而实现政府财政效力最大化的行为[2]。

---

[1] 范逢春：《全球治理、国家治理与地方治理：三重视野的互动、耦合与前瞻》，《上海行政学院学报》2014年第4期。

[2] 杭州市财政局课题组：《关于政府购买服务问题的思考》，《经济研究参考》2010年第44期。

政府购买公共服务在本质上是财政资金转移支付的一种特定方式，也就是政府为了达成某些特定的公共服务目标，不亲自使用财政资金来加以运作完成，而是通过各种模式建立契约关系，由非营利组织或者营利组织等其他主体来提供公共服务，由政府支付相应资金的模式①。除此之外，社会体育组织供给体育公共服务还需要政府给予多方面的支持。例如，提供有关政策、法规与信息支持，加强社会宣传和普及活动，促进人们对社会体育组织工作的理解、支持和参与等。我们认为，我国社会体育组织的发展是在政府部门引导、控制之下的一种有序发展格局，各级政府所给予的财政资金、政策规范等支持方式对于社会体育组织供给体育公共服务具有决定性的作用，这是社会体育组织供给体育公共服务最为重要的外部环境。

表 3-23　政府对社会体育组织供给体育公共服务的支持形式（n＝347）

| 选项 | 数量 | 比重（%） |
| --- | --- | --- |
| 提供有关政策、法规支持与信息 | 256 | 73.8 |
| 以政府购买形式提供一定的经费支持与补偿 | 323 | 93.1 |
| 加强社会宣传和普及活动，促进社会理解、支持和参与 | 284 | 81.8 |
| 提供社会体育组织供给体育公共服务经验交流的机会 | 265 | 76.4 |
| 建立相应的管理体制和运行机制 | 317 | 91.4 |
| 积极为广大群众创造和提供能亲身体验和参与各种社会体育组织供给体育公共服务的机会 | 278 | 80.1 |
| 建立和完善对体育社会组织供给体育公共服务的评估和表彰体系 | 276 | 79.5 |
| 使社会各界和广大群众能获得有关社会体育组织供给体育公共服务的信息 | 249 | 71.8 |
| 提供供给体育公共服务所必需的物资、器材和设备 | 321 | 92.5 |
| 组织和开展提高社会体育组织供给体育公共服务能力的培训工作 | 297 | 85.6 |
| 制订并实施对社会体育组织供给体育公共服务中发生意外事故等的保险措施 | 269 | 77.5 |
| 其他 | 237 | 68.3 |

注：此题是多选题。

---

① 瞿振雄：《中国政府购买公共服务研究》，硕士学位论文，湖南师范大学管理学院，2010年，第13页。

综上，我们认为：

第一，浙江省社会体育组织类型多样，随着经济的发展，与社会公众体育需求直接相关的社会体育组织如非奥项目单项协会以及休闲体育项目协会在近些年来迅猛发展。

第二，当前浙江省社会体育组织主管部门的类型较为多样，但主要以体育局、体育总会等体育行政部门或具有政府背景的社会体育组织为主。基层社会体育组织以街道办事处作为主管部门，另有一些基层社会体育组织（草根体育组织）无主管部门。

第三，浙江省社会体育组织人员结构不合理，主要是缺乏专职人员，同时志愿人员也较为缺乏。浙江省社会体育组织供给体育公共服务所需的基本设施也较为缺乏。浙江省社会体育组织资金来源的主要渠道是政府财政拨款或委托项目支付。浙江省社会体育组织内部治理结构和决策方式需要进一步加以完善。

第四，浙江省社会体育组织对于供给体育公共服务具有一定的认识，同时也较为了解各项政策，认为社会体育组织供给体育公共服务是大势所趋，对于浙江体育事业发展具有重大影响，有意愿在今后供给体育公共服务。

第五，相当一部分浙江省社会体育组织已有供给体育公共服务的实践，供给的体育公共服务内容多样，服务对象也丰富多样。浙江省社会体育组织对于自身供给体育公共服务的效果评价较好。浙江省社会体育组织认为自身供给体育公共服务面临着多重的困难，需要政府提供一系列的支持从而促进社会体育组织供给体育公共服务。

第六，当前浙江省社会体育组织供给体育公共服务的情况并不乐观，我们需要进一步深化体育体制改革，政府、社会应给予社会体育组织各种环境及资源支持，从而进一步改变社会体育组织发展状况，为社会体育组织供给体育公共服务创造良好的内外部环境。

# 第四章 浙江省社会体育组织供给体育 公共服务制度环境影响因素

在 1990 年，我国著名科学家钱学森根据自身长期的科学实践和理论思考，在学术界第一次提出"开放的复杂巨系统"（Open Complex Giant Systems），围绕这一概念形成了相关的学术观点。对于开放的复杂巨系统，钱学森认为具有如下几种性质：第一，开放性。系统不是封闭发展，而是始终处于开放的状态，系统及其子系统始终与外部环境进行着物质、能量及信息的交换。第二，复杂性。巨系统内部存在着多种多样的子系统，这些子系统通过多种交互作用来实现互动。第三，进化性。由于子系统之间的持续不断的发生交互作用，导致巨系统在其发展过程中会演化、进化出一些新的特质与功能。第四，层次性。子系统与巨系统之间存在上下层级关系。第五，巨量性。子系统以及系统内的构成物质数目极为巨大。

浙江省社会体育组织供给体育公共服务本身就是一个开放的复杂巨系统，浙江省社会体育组织供给体育公共服务受到多种制度环境的交互作用和影响，为促进浙江省社会体育组织供给体育公共服务，有必要弄清影响浙江省社会体育组织供给体育公共服务制度环境中的各种因素及其当前状态。

# 第一节 浙江省社会体育组织供给体育
## 公共服务制度环境影响因素分析

## 一、影响因素描述性分析

为了解影响浙江省社会体育组织供给体育公共服务的制度环境因素，《浙江省社会体育组织供给体育公共服务制度环境影响因素》问卷中设置了有关制度环境影响因素的相关内容，包含经专家用特尔斐法来确定的，有关浙江省社会体育组织供给体育公共服务制度环境影响因素的 23 个解释变量，并采用李克特五分量表形式来了解被调查对象对各制度环境因素影响浙江省社会体育组织供给体育公共服务的同意程度。采用 SPSS19.0 软件对调查数据进行因子分析，由此来确定浙江省社会体育组织供给体育公共服务制度环境影响因素。为了能够更准确地反映浙江省社会体育组织供给体育公共服务制度环境影响因素，我们以均值大于 3 分作为制度环境影响因素的筛选依据。描述性统计结果如表 4-1 所示，我们可以看出本次调查的各个变量的均值在 4 分以上，能够作为浙江省社会体育组织供给体育公共服务制度环境影响因素。

**表 4-1 浙江省社会体育组织供给体育公共服务**
**制度环境影响因素描述性统计分析结果**

| 指标代码 | 指标名称 | Minimum | Maximum | Mean | Std. Deviation |
|---|---|---|---|---|---|
| $X_1$ | 政府与组织间的权利关系 | 2.00 | 5.00 | 4.3090 | 1.0306 |
| $X_2$ | 政府与组织间的责任关系 | 2.00 | 5.00 | 4.2191 | 1.0956 |
| $X_3$ | 政府与组织间的利益关系 | 2.00 | 5.00 | 4.3933 | 1.0905 |
| $X_4$ | 政府与组织间竞争与合作 | 2.00 | 5.00 | 4.3933 | 0.9220 |
| $X_5$ | 组织间竞争与合作 | 2.00 | 5.00 | 4.4213 | 0.8938 |
| $X_6$ | 政府监管 | 1.00 | 5.00 | 4.0197 | 1.0280 |
| $X_7$ | 社会监督 | 2.00 | 5.00 | 4.2753 | 1.0510 |

续表

| | | | | | |
|---|---|---|---|---|---|
| X₈ | 组织自律 | 2.00 | 5.00 | 4.2528 | 1.0405 |
| X₉ | 第三方监督 | 2.00 | 5.00 | 4.2640 | 1.0592 |
| X₁₀ | 服务对象监管 | 2.00 | 5.00 | 4.3820 | 1.0252 |
| X₁₁ | 法律规范体系 | 2.00 | 5.00 | 4.2910 | 1.1437 |
| X₁₂ | 经费支持 | 2.00 | 5.00 | 4.3034 | 1.1290 |
| X₁₃ | 合理的供给程序与方法 | 2.00 | 5.00 | 4.3764 | 0.9381 |
| X₁₄ | 科学确定供给组织 | 1.00 | 5.00 | 4.0393 | 1.2230 |
| X₁₅ | 科学确定供给服务内容 | 2.00 | 5.00 | 4.1629 | 1.1257 |
| X₁₆ | 评估制度建设 | 2.00 | 5.00 | 4.2753 | 1.1337 |
| X₁₇ | 评估原则 | 2.00 | 5.00 | 4.3315 | 1.0180 |
| X₁₈ | 评估主体建设 | 2.00 | 5.00 | 4.3989 | 0.9468 |
| X₁₉ | 评估客体建设 | 2.00 | 5.00 | 4.3090 | 1.0577 |
| X₂₀ | 评估环境建设 | 2.00 | 5.00 | 4.2921 | 1.0491 |
| X₂₁ | 评估指标 | 2.00 | 5.00 | 4.2528 | 1.0296 |
| X₂₂ | 评估方法 | 2.00 | 5.00 | 4.2640 | 1.0157 |
| X₂₃ | 评估回馈 | 2.00 | 5.00 | 4.3539 | 0.9820 |

## 二、影响因素确定

### （一）因子分析的可行性检验

由于因子分析主要依赖于各变量之间的相关性进行分析，因而在进行分析之前，必须要进行统计检验，本课题采用同类研究广泛应用的 KMO（KaiSer-Meyer-Olkin Measure of Sampleing Adequacy；简称 KMO）检验模型与 Bartlett 球形检验（Bartlett's Test of Sphericity）对本次问卷调查所获得的各种变量实施检验。检验结果表明本课题通过问卷调查得来的数据通过因子分析的可行性检验（见表 4-2）。

**表 4-2　KMO 和 Bartlett 球形检验一览表**

| Kaiser-Meyer-Olkin Measure of Sampling Adequacy. | | 0.811 |
|---|---|---|
| Bartlett's Test of Sphericity | Approx. Chi-Square | 4875.837 |
| | df | 213 |
| | Sig. | 0.000 |

### (二) 公共因子确定

采用主成分分析法来选择提取公共因子，结果显示，前 4 个因子的特征值分别为 9.928、4.688、3.152、1.670，均大于 1，累计解释方差占总方差的 84.515%（见表 4-3），由此可以提取 4 个公共因子。同时显示因子数目与特征值大小关系的碎石图（见图 4-1）也表明提取 4 个公共因子较为合适。

为有效确定公共因子，按照统计学要求，对获得数据采用正交旋转法进行相应数据处理（见表 4-4）。根据载荷值大于 0.5 这一学界普遍认同的标准，表 4-4 中的 $F_1$ 在"政府与组织间的权利关系""政府与组织间的责任关系""政府与组织间的利益关系""政府与组织间竞争与合作""组织间竞争与合作" 5 个变量上具有明显载荷，载荷值均大于 0.5；$F_2$ 在"政府监管""社会监督""组织自律""第三方监督""服务对象监管" 5 个变量上具有明显载荷，载荷值均大于 0.5；$F_3$ 在"法律规范体系""经费支持""合理的供给程序与方法""科学确定供给组织""科学确定供给服务内容" 5 个变量上具有明显载荷，载荷值均大于 0.5；$F_4$ 在"评估制度建设""评估原则""评估主体建设""评估客体建设""评估环境建设""评估指标""评估方法""评估回馈" 8 个变量上具有明显载荷，载荷值均大于 0.5。

## 表 4-3　主成分特征值

| 成分 | 原始特征值 | | |
|:---:|:---:|:---:|:---:|
| | 总体 | 方差贡献率% | 累计方差贡献率% |
| 1 | 9.928 | 43.164 | 43.164 |
| 2 | 4.688 | 20.383 | 63.547 |
| 3 | 3.152 | 13.706 | 77.253 |
| 4 | 1.670 | 7.262 | 84.515 |
| 5 | 0.723 | 3.144 | 87.659 |
| 6 | 0.527 | 2.293 | 89.952 |
| 7 | 0.488 | 2.121 | 92.072 |
| 8 | 0.409 | 1.780 | 93.852 |
| 9 | 0.299 | 1.300 | 95.152 |
| 10 | 0.284 | 1.233 | 96.385 |
| 11 | 0.138 | 0.601 | 96.986 |
| 12 | 0.125 | 0.542 | 97.529 |
| 13 | 0.114 | 0.495 | 98.024 |
| 14 | 0.097 | 0.422 | 98.446 |
| 15 | 0.075 | 0.324 | 98.770 |
| 16 | 0.060 | 0.262 | 99.033 |
| 17 | 0.050 | 0.218 | 99.250 |
| 18 | 0.046 | 0.200 | 99.450 |
| 19 | 0.037 | 0.159 | 99.610 |
| 20 | 0.034 | 0.147 | 99.757 |
| 21 | 0.028 | 0.123 | 99.880 |
| 22 | 0.016 | 0.070 | 99.950 |
| 23 | 0.012 | 0.050 | 100.000 |

Extraction Method：Principal Component Analysis.

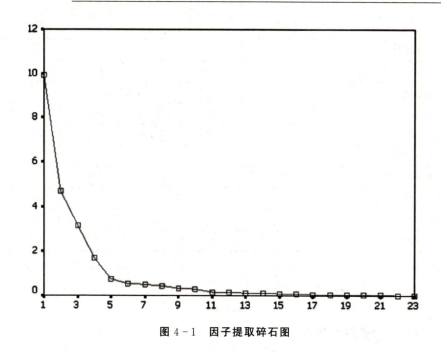

图 4-1 因子提取碎石图

表 4-4 正交旋转后的因子载荷矩阵分析一览表

| 变量 | 因子载荷 | | | |
| --- | --- | --- | --- | --- |
| | $F_1$ | $F_2$ | $F_3$ | $F_4$ |
| 政府与组织间的权利关系 | 0.382 | 0.098 | 0.923 | 0.029 |
| 政府与组织间的责任关系 | 0.399 | 0.063 | 0.917 | −0.075 |
| 政府与组织间的利益关系 | 0.220 | 0.101 | 0.913 | 0.510 |
| 政府与组织间竞争与合作 | 0.475 | −0.081 | 0.908 | 0.026 |
| 组织间竞争与合作 | 0.401 | 0.117 | 0.796 | 0.005 |
| 政府监管 | 0.911 | −0.001 | 0.864 | −0.026 |
| 社会监督 | 0.633 | −0.004 | 0.633 | 0.021 |
| 组织自律 | 0.762 | 0.017 | 0.189 | 0.111 |
| 第三方监督 | 0.948 | −0.058 | 0.310 | −0.056 |
| 服务对象监管 | 0.059 | 0.836 | 0.005 | 0.986 |
| 法律规范体系 | 0.456 | 0.879 | 0.762 | 0.010 |
| 经费支持 | −0.027 | 0.812 | 0.458 | −0.047 |
| 合理的供给程序与方法 | 0.048 | 0.723 | −0.130 | −0.041 |

续表

| | | | | |
|---|---|---|---|---|
| 科学确定供给组织 | 0.011 | 0.585 | 0.084 | −0.043 |
| 科学确定供给服务内容 | 0.790 | 0.031 | 0.423 | 0.972 |
| 评估制度建设 | −0.013 | 0.855 | −0.052 | 0.929 |
| 评估原则 | 0.020 | 0.941 | 0.048 | 0.915 |
| 评估主体建设 | 0.056 | 0.967 | 0.022 | 0.879 |
| 评估客体建设 | 0.850 | −0.016 | 0.331 | 0.857 |
| 评估环境建设 | 0.717 | 0.038 | 0.397 | 0.007 |
| 评估指标 | 0.663 | 0.075 | −0.168 | 0.054 |
| 评估方法 | 0.937 | 0.004 | 0.253 | 0.082 |
| 评估回馈 | 0.926 | 0.032 | 0.222 | 0.147 |

Extraction Method：Principal Component Analysis. Rotation Method：Varimax with Kaiser Normalization. a. Rotation converged in 5 iterations.

### （三）公共因子命名

根据正交旋转后的因子载荷矩阵分析结果，可以对 4 个公共因子进行具体命名（见表 4-5）。$F_1$ 反映出浙江省社会体育组织供给体育公共服务受到政府与组织间的权责利关系，政府与社会体育组织以及社会体育组织之间的竞争与合作的影响，可以将其命名为"管理体制"因素；$F_2$ 反映出浙江省社会体育组织供给体育公共服务受到多元主体以及服务对象的监督、监管，可以将其命名为"监督机制"因素；$F_3$ 反映出浙江省社会体育组织供给体育公共服务受到法规、经费、程序、组织、内容等因素的影响，可以将其命名为"保障机制"因素；$F_4$ 反映出浙江省社会体育组织供给体育公共服务受到各种评估原则、评估主客体、评估环境、评估指标与方法、评估回馈等因素的影响，可以将其命名为"评估机制"因素（见图 4-2）。

表 4-5 公共因子一览表

| 公共因子 | 指标变量 | 载荷量 |
|---|---|---|
| F₁<br>(管理体制) | 政府与组织间的权利关系 | 0.923 |
| | 政府与组织间的责任关系 | 0.917 |
| | 政府与组织间的利益关系 | 0.913 |
| | 政府与组织间竞争与合作 | 0.908 |
| | 组织间竞争与合作 | 0.796 |
| F₂<br>(监督机制) | 政府监管 | 0.836 |
| | 社会监督 | 0.879 |
| | 组织自律 | 0.812 |
| | 第三方监督 | 0.723 |
| | 服务对象监管 | 0.585 |
| F₃<br>(保障机制) | 法律规范体系 | 0.972 |
| | 经费支持 | 0.929 |
| | 合理的供给程序与方法 | 0.915 |
| | 科学确定供给组织 | 0.879 |
| | 科学确定供给服务内容 | 0.857 |
| F₄<br>(评估机制) | 评估制度建设 | 0.937 |
| | 评估原则 | 0.926 |
| | 评估主体建设 | 0.948 |
| | 评估客体建设 | 0.762 |
| | 评估环境建设 | 0.911 |
| | 评估指标 | 0.633 |
| | 评估方法 | 0.717 |
| | 评估回馈 | 0.663 |

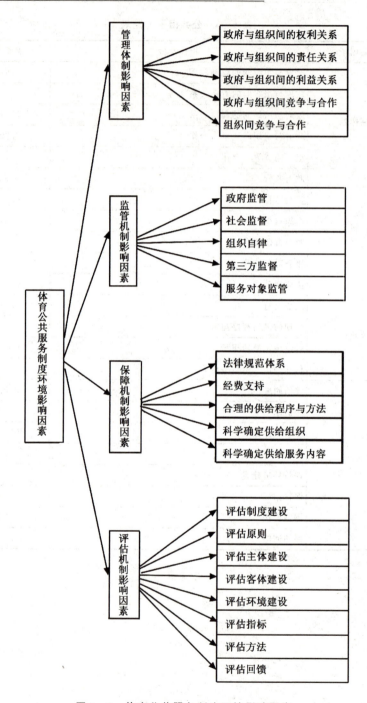

图 4 - 2　体育公共服务制度环境影响因素

# 第二节 管理体制影响因素分析

## 一、政府与社会体育组织权责利关系不明

就大环境而言，在推进体育治理体系和治理能力现代化进程中，社会体育组织应当积极承接政府职能转移，发挥供给体育公共服务的功能。《浙江省体育发展"十三五"规划》明确提出要推动浙江省体育从"政府驱动"的传统体育向"社会内生"的现代体育转型。就群众体育而言，其具体目标就是体育公共服务能力和水平进一步增强，基本建成"全覆盖、高水平"的体育公共服务体系。为达成此目标并结合体育治理体系和治理能力现代化的背景，浙江应积极促进社会体育组织供给公共体育服务。社会体育组织供给体育公共服务需要明确政府与社会体育组织权责利关系。

政府与社会体育组织作为供给体育公共服务的两种制度安排及组织形式，应当形成一种彼此之间权责利明确的竞争与合作的关系。

首先，政府作为公共权力的持有主体在其委托社会体育组织供给体育公共服务的过程中，其自身应定位为委托者。社会体育组织作为体育领域自我治理的一种组织形式，其自身是独立于政府之外的主体，是供给体育公共服务的受托者，政府与社会体育组织之间存在明显的组织边界。

其次，政府与社会体育组织因其所拥有的资源和组织特性不同决定了它们拥有对方不具备的天然优势。例如，政府拥有包括资金等资源集聚优势，社会体育组织拥有贴近社会大众体育需求的优势。政府与社会体育组织之间的优势互补，由此双方可以在供给体育公共服务方面形成相互合作的关系。虽然在学理上我们可以分析出政府与社会体育组织的关系是互通、合作的，但是在实践中，政府与社会体育组织的关系往往复杂多样，其中最为突出的就是社会体育组织对于政府的过度依赖产生了行政化倾向（见图 4-3）。我国学术界将其界定为"官民二重性"或形象的称之为"一套班子、两块牌子""二政府"等。如果进行细致地分析，社会体育组

织的行政化倾向可以划分为两方面：一方面社会体育组织的被动行政化，即政府由于长期形成的管理关系，将社会体育组织纳入行政管理的范畴，例如社会体育组织与政府签订了体育公共服务承接协议，从契约的角度来看就是承接了政府的委托进行体育公共服务供给，政府为了对其供给体育公共服务行为进行管理往往将社会体育组织纳入其层级管理的范畴，运用层级管理的方式方法进行管理。另一方面社会体育组织的主动行政化，即一些社会体育组织出于生存需要，往往主动向政府贴近，接受政府的领导，从而获得政府的公共财政、人力资源以及其他资源的支持。这些从本质上来说，都是政府与社会体育组织权责利定位不明，社会体育组织因其对政府资源的依赖导致自身对权责的放弃。

在社会体育组织供给体育公共服务过程中，政府作为这一过程的主导者，明确自身的职责具有十分重要的意义。在社会体育组织供给体育公共服务的实践中，一些政府出现了不知道应该购买哪些体育公共服务和向哪些社会体育组织购买体育公共服务的现象，同时也出现了购买程序不规范、购买标准及购买条件不具体的现象。这说明一些政府对于自身职责内与职责外的职能，对于体育公共服务的类别，以及政府应提供的体育公共服务缺乏明确的了解。在社会体育组织供给体育公共服务过程中，政府应作为供给的监管者、评估者，不应当对社会体育组织内部的治理结构、财务管理制度、资产管理等进行干涉，应该保持和尊重社会体育组织的独立性和自主性。现实中，一些政府对于过去的命令式管理形成了路径依赖，将其移植至对社会体育组织供给体育公共服务过程之中，社会体育组织在体育公共服务供给领域中的主体地位始终没有得到认可。此外，政府在社会体育组织的选择上也存在偏好，政府往往选择由自身创办或与政府具有亲密关系的社会体育组织，从而使一些具有体育公共服务供给能力的草根体育组织处于劣势。

社会体育组织供给体育公共服务是一种承接政府职能的行为。社会体育组织扮演的是承接政府逐步移交部分社会公共服务职能的角色，这是现代社会治理理念与结构的根本性变化。然而在体育领域中机构调整、职能

改革的进程相对滞缓，政府对于社会体育组织供给体育公共服务还在进行
事无巨细的管理。大到体育活动的策划，小到服务项目的具体细节，社会
体育组织往往需要政府的批示才能展开，这导致社会体育组织丧失决策的
自主性、灵活性。

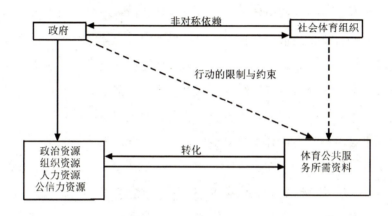

图 4-3　社会体育组织与政府的非对称依赖关系

## 二、政府与社会体育组织互动不足

在浙江，社会体育组织供给体育公共服务已经得到党和政府的高度重
视，社会体育组织在供给体育公共服务中发挥的重要作用也已经得到政府
的认同。然而，仍然存在政府与社会体育组织互动不足的情况，甚至两者
在某些方面的合作陷入困境。一是传统观念的束缚。新中国成立以来，在
相当长的一段时间里，政府一直是体育公共服务的唯一供给主体。由此形
成观念惯性，很多社会公众都认为政府作为国家公权力的行使者也应是体
育公共服务唯一的供给者，政府应该承担体育公共服务供给的全部责任。
在我国，许多政府职能改革较为滞缓，许多地方政府官员都不相信也不认
可社会体育组织可以且能够供给体育公共服务，他们认为只有政府有能力
及责任供给体育公共服务，政府是体育公共服务的唯一供给主体。这种全

能政府的传统执政理念也会影响社会公众对体育公共服务的理解，社会公众对于体育公共服务供给产生了极为强烈的政府依赖性。二是缺乏合作经验。社会体育组织供给体育公共服务属于新生事物，由于缺乏全国性的法律依据以及具体实施条款指导，许多地方政府都制定了地方性的法规条例，但这些法规条例在实践中缺乏指导性和可操作性。在社会体育组织供给体育公共服务的过程中缺乏对政府以及社会体育组织有约束力的契约关系。目前普遍存在的情况是具有一定独立性的社会体育组织在体育公共服务供给过程中，因其缺乏足够的能力和地位支撑，很难与政府进行平等的谈判和协商。在社会体育组织行动能力弱化的情境下，必然是一种政府强势主导的单向的合作行为，这会削弱社会体育组织供给体育公共服务的积极性，也会阻碍社会体育组织供给体育公共服务的发展。

### 三、社会体育组织间竞争与合作不足

为有效提升社会体育组织供给体育公共服务的效率，社会体育组织间必须形成竞争与合作的格局。然而就目前的情况来看，浙江省社会体育组织间的竞争不足，更缺乏合作。其原因如下：一是社会体育组织并未成为独立的主体，由于社会体育组织生存与发展所需的资源需要政府供给，形成了政府依赖性，进而导致社会体育组织缺乏独立性，政府与社会组织难以成为彼此间进行竞争与合作的独立主体。二是当前政府对于社会体育组织的管理主要采取分类控制和非竞争原则。我国于 1998 年颁布的《民办非企业单位登记管理暂行条例》明确规定，在同一行政区域内已有业务范围相同或者相似的民办非企业单位，登记管理机关不予登记。由此，"非竞争原则"一直都是政府发展社会组织的主要原则之一。近年来，随着我国对社会组织管理的改革，"非竞争原则"有所松动，但是一些地方政府出于自身管理方便的考量，仍然秉持"非竞争原则"对社会体育组织进行管理。例如，浙江省一些地方政府为了方便自身管理，往往只选取一家社会体育组织进行重点培养和购买体育公共服务，这些社会体育组织与政府有着千丝万缕的关系。这体现了"分类控制"原则。政府对于自身扶持发

展的社会体育组织和对自发形成的社会体育组织采取不同的态度。在社会体育组织供给体育公共服务过程中,往往形成了"亲疏有别"的情况,造成了一些社会体育组织的依附式发展和垄断性承包现象。从经济学视角来看,这种社会体育组织间的竞争不足影响了供给体育公共服务的效率,也妨碍了一些社会体育组织的发展。三是由于社会体育组织对于自身权责利定位不清晰,其资源获取渠道受限于政府,所以社会体育组织间往往难以进行合作。

### 四、内部管理机制不完善,执行不到位

浙江省大部分社会体育组织都存在内部管理机制不健全,规章制度执行不到位的问题。例如,虽然大多数的社会体育组织对于选举、运行、重大决策等都有明确的规章制度,但是在访谈过程中很少有组织能够明确说出具体规定。社会体育组织尚未设立正式的决策机构,其决策过程往往是社会体育组织的领导商议决定、领导个人决定或由业务主管部门决定,因而在供给体育公共服务过程中往往会出现决策失误。管理大师彼得·德鲁克在其《非营利组织经营之道》一书中,多次强调非营利组织若想获得生存与发展必须比任何人或企业更多地学习和运用现代管理之道①。浙江省社会体育组织的内部管理没有运用现代管理之道,仍然依循科层管理的方式方法。

## 第三节 监督机制影响因素分析

### 一、监督机制的概念解析

在解释监督机制的概念之前,我们需要厘清机制、制度、体制的概念及三者之间的关系。

---

① [美]彼得·德鲁克:《非营利组织经营之道》,机械工业出版社2009年版,第45页。

**（一）机制**

我们先从机制入手，以便区别于体制、制度的概念。中国的汉字博大精深，每一个字每一个词都有其特定的深刻含义。对于机制一词，《现代汉语词典》的解释：①机器的构造和工作原理。②机体的构造、功能和相互关系。③指某些自然现象的物理、化学规律。④泛指一个工作系统的组织或部分之间相互作用的过程和方式，如市场机制、竞争机制。依据以上解释，我们可以进行如下的理解：机制阐述的是两者或两者以上的整体关系，包括各部分之间的组成方式和各部分的职能。机制包含着多种要素，各要素之间彼此发生联系，统一协作并利用其间的特定组成规律表现出整体的功能。这些规律都是客观存在的。有的学者给机制的定义为一个客观系统内部各要素的组织结构及各要素和各子系统间相互作用的具有规律性的运行过程、运行方式①。机制可以用来阐释人类社会某些运动的规律，如经济机制，政治机制等，可以用来阐释自然界的运动规律，如物理机制，化学机制，生物机制等。

**（二）制度**

制度一般指要求大家共同遵守的办事规程或行动准则，也指在一定历史条件下形成的政治、经济、文化等方面的体系。在不同的行业、不同的部门、不同的岗位都有其具体的做事准则，目的都是使各项工作按计划、要求达到预计目标。《汉语大词典》对制度的解释：①要求成员共同遵守的规章或准则管理货币制度。②在一定历史条件下的政治、经济、文化等方面的体系。③式样、规格。把词典的解释结合社会科学中的解释，制度泛指以规则或运作模式，规范个体行动的社会结构。因此，制度一般的含义是要求大家共同遵守的办事规程或行动准则，例如法律、行为准则等。制度是一个宽泛的概念，一般是指在特定社会范围内统一的、调节人与人之间社会关系的一系列习惯、道德、法律（包括宪法和各种具体法规）、

---

① 曹师勤：《政府向社会组织购买公共服务的评估机制研究》，硕士学位论文，浙江理工大学管理学院，2017年，第10页。

戒律、规章（包括政府制定的条例）等的总和。它由社会认可的非正式约束、国家规定的正式约束和实施机制三个部分构成，是文本形式的规范。

**（三）体制**

《汉语大词典》对体制的解释：①诗文书画等的体裁、格调。②格局、规格。③结构。④组织制度。体制是一种布局的模式，它强调各个部分之间的位置关系，各个要素之间存在的格局，强调组成整体的各个部分。如国家的经济体制、政治体制等。

**（四）机制、体制、制度的关系**

制度是偏向文本形式的规范，它由参与的人们共同制定，并且形成契约力量共同遵守；体制是强调组成整体的要素布局，由哪些部分组成了整体；机制是一个衍生产物，它依托制度和体制组成的整体，它强调的是部分和整体的组成关系，整个整体的运行规律及各个部分之间的相互作用机制。作为一个完善的监督机制，其构成要素应包括以下五个方面。

（1）监督主体。

（2）监督体制，监督主体的组织结构及各种监督主体之间的关系。

（3）监督制度，包括监督主体的权利、义务、责任，被监督方的义务、权利，监督的程序、方式、手段。

（4）监督的动力，即促使监督主体行使监督权力、履行监督义务的动力。

（5）监督的客体，即具有意志性的社会公共权力。要素的总和，并不等于机制。

只有当这些要素相互发生作用，其动态过程及所呈现的具有某种客观规律性的运行方式，才是机制①。

## 二、监督机制的法律文本不健全

在我国大力倡导有法可依的今天，关于社会体育组织相关的立法，依

---

① 曹师勤：《政府向社会组织购买公共服务的评估机制研究》，硕士学位论文，浙江理工大学管理学院，2017年，第13页。

然跟不上社会体育组织的发展和时代的进程。美国的公共管理学者 LR. 麦克尔（LR. Macel）曾说："监督机制有效实施的根本在于法律文本的健全。"从改革开放开始我国经济进入高速发展时期，无论是经济、政治、文化都取得了良好发展，但是快速发展又带来了一定的制度性挑战。20 世纪 80 年代初期，在缺乏法律约束的条件下，各类社会组织爆炸性出现；进入 20 世纪 90 年代，我国实行有业务主管部门负责业务管理，由民政部门负责组织性质审查的统一管理模式，这个时期实行的双重许可制度，出现了社会组织注册登记难的问题。在 2008 年前后，国家有关部门认识到社会组织的重要性，出台了一系列规范制度建设和鼓励政策，使社会组织进入了宽松发展时期，但我国社会组织发展的相关法律建设是滞后的、薄弱的和不完善的。国家只从宏观的角度提出发展的指导性文件，例如，我国在 1998 年，由国务院颁布实施了《社会团体登记管理条例》，在 2004 年颁布实施《社会组织登记管理条例》和《基金会管理条例》，这三个文件的性质属于条例，并未上升到立法层次。这三个条例中都带有管理两个字，可见国家对于社会组织的态度还是处于管理的态度，并未上升到相互合作、相互补充的理念上。其中的内容也仅停留在成立的条件，组织成立后的职责，以及发展过程中各部门的职责等非常宽泛的规定。如何规范社会组织引入自治机制，帮助其构建自我决策、自我管理、自我监督的内部机制，如何实行社会组织监督等方面没有作出具体的要求和规定。

浙江省 2000 年 9 月 21 日颁布了《浙江省社会团体管理办法》，其中第一条明确规定，为了保证公民结社自由，维护社会团体的合法权益，加强对社会团体的管理，依据国务院颁布的《社会团体登记管理条例》和有关法律、法规的规定，结合本省实际，制定本办法。我们可以总结出，这是浙江省结合自身情况，依据国务院颁布的社会团体登记管理条例，颁布的地方性规定。然而，这些行政法规依然没有上升到立法层次，或者立法位阶低，权威性不高，操作性不强。仅在两年之后，浙江省民政厅又颁布实施了《浙江省社会团体登记业务规程》，本规程是依据国务院颁布的《社会团体登记管理条例》以及之前颁布的《浙江省社会团体管理办法》

并结合相关法律法规制定的。本规程的重点在于社会团体业务登记的规范。事实上，更是加大了社会组织登记注册的难度，提高了社会组织正式登记的门槛，这仍然是社会组织的管理观念。而在这以后十二年，并未颁布相关的法律法规。仅在 2014 年，浙江省民政厅发布了《浙江省民政厅关于社会团体登记管理制度改革的试行意见》。本次改革重点放在简化登记流程，适当放宽登记门槛，使社会组织更适应当前社会的发展。可见，浙江省关于社会组织的法律文本更新时间较长，而且对社会组织持管理的态度，法律文本制定较为宽泛，时效性不强，不能够很好的引导社会组织的发展。

## 三、多头管理与空头管理

对于管理一词的理解，广义的管理是指应用科学的手段安排组织社会活动，使其有序进行。狭义的管理是指为保证一个单位全部业务活动而实施的一系列计划、组织、协调、控制和决策的活动。"科学管理之父"弗雷德里克·泰勒（Frederick Winslow Taylor）认为："管理就是确切地知道你要别人干什么，并使他用最好的方法去干。"举世公认，亨利·法约尔（Henri Fayol）是管理过程学说的创始人。1916 年，法约尔出版了《一般管理与工业管理》一书，该书现已成为管理学方面的经典著作。法约尔认为，管理是所有的人类组织都有的一种活动，这种活动由五项要素组成，即计划、组织、指挥、协调和控制。法约尔对管理的看法颇受后人的推崇与肯定，形成了管理过程学派。从上面的解释我们可以得出，"管理"是阐述两者关系或者一对多关系的词，这种关系是不平等的，存在上下级的关系，在某种意义上说是一种对立的关系。

实践中主要由两类部门对社会体育组织管理与监督，一类是体育部门等业务主管部门，主要负责社会体育组织的业务规范性审核及帮助早期的体育类社会组织发展；另一类是民政部门，我国社会体育组织的登记制度是"双重许可"制度，即使有业务主管部门负责主营业务的审查，也要由民政部门再进行统一管理。双重管理体制是维护社会稳定的重要保证，是对社会组织实施有效监管的现实选择，也是实现政府职能转变的有效途径。双重管理体制还为社会组织的生存和发展提供了信任基础，为社会组织获得各种资源提供了制度支持，为社会组织的有序发展提供了制度保障。曾有学者对"双轨制"的利与弊进行讨论，其中以刘洋、汪流、税兵等学者为代表。以上学者认为，我国实行的"双轨制"，一方面，在很大程度上规范了社会组织的发展。两个部门分别负责，一个部门负责业务的审查，另一个部门负责组织性质的管理，在理想状态下，两个部门可以分工协作，更高效的完成工作。另一方面，在实践过程中，由于两个部门协调不好，不仅没有提高办事效率，反而增加了社会组织合法登记的程序，从一定程度上阻碍了社会组织发展。由于协调性差，又没有良好的沟通，容易形成两不管的情况。以体育类社会组织审批场地一事为例，社会体育组织相关负责人表示，两个部门都没有提供很好的解决措施，互相推卸责任。如此看来，多头管理形成了事实上的空头管理。

## 四、监管体制、机制及办法陈旧

从我国社会组织法律性文件来看，每一种社会组织都对应着一种法律性文件，例如《浙江省社会团体登记管理办法》（2000 年）、《浙江省社会组织管理暂行办法》（2004 年）和《基金会管理条例》（2004 年）。法律文本的缺失造成管理上的空白。浙江省社会体育组织的监管体制、机制方面的不足可以总结为两方面，一是体制方面，一是机制（运行机理）方面。

### （一）体制方面的缺陷

文本性质的内容，可操作性不强。依据浙江省对于体育三类社会组织的条例规定，可以看出规定有以下不足。

一是从宏观角度强调原则性内容。例如在《浙江省社会团体登记管理办法》（2000 年）、《浙江省社会团体登记业务规程》（2002 年）中，规定了社会团体应遵守的法律法规，成立的基本条件，有关部门审查的工作时限，设立分支机构、代表机构的条件等。在《浙江省社会团体登记业务规程》（2002年）中没有明确地说明监督方，仅在第二十九条拟设立的代表机构及分支机构时，提到在所在地民政部门办理备案，并接受其监督管理。可以看出条例内容不完善，虽有较强的原则性，但可操作性不强。对于如何监督、怎样监督、由谁来监督没有进行具体的规定。

二是权责不一。虽然业务主管部门对社会组织有一定的监管监督权力，但是由于行政部门特定的人员结构和人力资源现状，面对数量庞大的社会体育组织，业务主管部门缺乏有效的管理手段和足够的管理力量。再者，社会对行政的监督力度不够，没有能够监督行政执行力的机制，造成业务主管部门有权利没责任。这样加大了政策分离难度，削弱社会组织的相对独立性。"一刀切"的登记方式，导致覆盖面过窄。《浙江省社会团体登记业务规程》（2002年）规定，会员数量30—50人，活动资金不少于3万元，有合法的资产和经费来源，有独立承担民事责任的能力。《浙江省民办非企业单位管理暂行办法》（2004年）规定，法人类民办非企业单位在省登记管理机关申请登记的，其注册资金不少于20万元；在设区的市登记管理机关申请登记的，其注册资金不少于10万元；在县（市、区）登记管理机关申请登记的，其注册资金不少于3万元。采用"一刀切"的方式，使很多"不合法"的社会体育组织存在，它们没有达到文件规定的要求，业务主管部门审核不通过。但这不能否定它们存在的合理性。"一刀切"的登记方式，把大量合理但"不合法"的社会组织拒之门外，导致覆盖面过窄。没有制约的权力必然导致腐败，这是政治学的经典论断。所谓制约，实际就是监督。管理条例中并没有对社会体育组织的业务经营过程的监督管理规定。事实上，政府行政部门人力资源有限，不能提供大量的监督人员，导致监督缺失。

**（二）机制性缺陷**

第一，动力机制不足。①我国的现行改革是政府主导型改革。政府主导型改革的基本动力是政府官员对政绩的追求①。如果有关部门没有把社会体育组织发展纳入政绩考核范围，社会体育组织发展也就放任自由，没有充足的动力了。浙江省各级各部门并没有把社会体育组织发展纳入政绩考核范围，仅凭借民政部门的力量，很难有针对性的扶持社会体育组织发展。在社会体育组织管理上，就变成了只要不给地方政府带来"麻烦"即可。②政府要不要把权力下放给社会体育组织，没有一个明确的时间表。社会体育组织本就是一个公益性的社会组织，它不会带来可观的经济效益，所以有些部门对无利可图的社会体育组织采取消极的态度。③实现机制不足。主要表现在两个方面，一是所有的社会组织都必须到民政部登记注册，民政部门要面对庞大的性质各异的社会组织。由于民政部门人员结构的制度性特点，根本没有足够的人力、物力去审核每一个登记的组织。事实上，浙江省民政部门只负责各类社会组织的登记和一般的年检，对于各类社会组织的考核评价，并没有系统的社会组织发展规划，也缺乏对社会组织的培育和监督。对于社会组织日后的评价、考核、管理等存在很大的随机性，缺少具体措施。二是业务审核部门。浙江省社会体育组织的业务审核部门是体育局。从当前情况来看，当地的体育局只是对体育类社会组织的性质和其所从事的业务给出指导性意见。体育类社会组织属于公益性的社团组织，由体育局下设的群体处负责其业务审查。但是存在业务主管部门没有足够的人力进行审核工作的情况。现实中，需要制定相应的法规对业务主管部门承担的责任作出规定，以及规定考核社会体育组织的实施办法。

## 五、监督主体单一

现在对浙江省体育类社会组织进行监督的部门主要有两个，一个是作为其业务主管部门的体育部门，另一个是负责组织性质审查的民政部门。

---

① 王占坤：《政府购买公共体育服务的地方实践、问题及化解策略》，《武汉体育学院学报》2015 年第 2 期。

国务院在 2013 年颁布了《关于政府向社会力量购买服务的指导意见》，该指导意见从宏观角度，规定了购买服务的具体工作，但内容较为宽泛，具体细节不明确。国财政部在 2015 年颁布了《政府购买服务管理办法（暂行）》的通知。该办法是适用于所有社会组织，对社会体育组织缺乏针对性。同时对于监督的相关细节规定不具体，监督主体单一。在政府履职所需辅助性事项中，其中有监督检查、评估、绩效评价等职责，没有明确监督的依据和监督的程度。

当前我国在政府购买公共服务方面尚未制定全国统一的监督性法律规范，现行的只有一些地方性的文件性规范。例如，《杭州市政府购买服务采购管理实施办法（暂行）》中规定，各购买主体应当在相关行政主管部门的指导下，负责制定政府购买服务项目的服务内容、服务标准等采购需求，具体组织实施购买服务活动，对承接主体提供的服务进行跟踪监督，在项目完成后组织验收和考核评估。并建立健全内控管理制度，按规定公开购买服务相关信息，自觉接受相关部门和社会公众的监督。在"自觉接受相关部门和社会公众的监督"中，没有明确规定"相关部门"具体包括哪些部门，存在监督主体的模糊性。同样，对于如何利用社会公众监督没有给出具体的措施。实际操作中，社会体育组织的监督工作，基本上是由民政部门完成，并且时间跨度较大，一年一次的年检就是对社会体育组织的监督。监督主体单一，没有做到监督主体多元化。

发展多元化的专业监督管理机制，保障公共财政合法支出。政府购买公共服务过程中离不开监督，监督是购买公共服务的制度保障。

政府购买公共服务的监督可分为内部监督和外部监督。

内部监督，政府购买公共服务的内部监督可分为两个层面，一是财政部门对财政购买资金使用的监督；二是购买服务的部门对服务的质量、数量的监督。

外部监督，首先是社会公众、媒体监督。对政府购买公共服务进行监督是媒体的社会责任之一。社会公众监督是各种监督的基础，直接反映了政府购买公共服务的效果。同时媒体监督是社会公众监督的一个很好的平台与渠道，社会公众反映的问题通常有两个途径，上级主管部门和媒体。媒体是社会公众反映声音的渠道。其次是社会独立的第三方机构监督。社会公众、媒体只能对普遍存在的、表面的、更直接的问题进行监督，此外还需要有更为专业的、技术性更强的监督。

## 六、过分强调内部监督

目前浙江省体育局社会组织的监督主要是政府内部监督，注重政府内部的自我完善和自我修复。虽然文件中也有对监督的描述，但是监督的法律文本缺失导致政府购买公共服务没有明确的监督依据。这种内部监督在实践中表现为三种模式。一种是政府购买公共服务职能部门的监督模式，例如《杭州市政府购买服务采购管理实施办法（暂行）》中规定："各购买主体的行政主管部门，应当对本部门、本系统政府购买服务项目的服务内容、服务标准等采购需求的制定，以及对采购活动的组织实施等进行指导和监督。"第二种是政府财政、审计、督察等部门组成的联合监督模式。丽水市《政府向社会力量购买服务管理办法》、嘉兴市《政府向社会力量购买服务管理办法（暂行）》规定："财政、监察、审计等部门应加强对政府购买服务的监督，确保政府购买服务资金规范管理和使用，防止截留、挪用和滞留资金等现象发生。"第三种是政府组成专门机构进行监督的模式，即当社会体育组织同政府签订的合同到期后，有关政府负责部门，将会引入评估小组或社会评估机构，待评估机构或社会小组听取评估方法和评估事项之后，再对被评估部门进行业务绩效评估验收的模式。虽然浙江省各地市在政府购买服务的规定中都有涉及绩效管理和评价机制，例如杭州市、丽水市、嘉兴市等都在文件中规定："加强政府购买服务工作的绩效管理，建立健全由购买主体、财政部门或第三方实施的项目绩效评价机制。"在实际操作中，绩效评价机制却没有落实好。这种政府的内部监督，虽然从某种程度上保证了监督的专业性和引导性，但是缺乏外界广泛监督和社会力量的有效监督，容易造成政府部门集"运动员、裁判员"于一身的现象。大家支持各种利益交往，政府利用其强大的行政力量来规避法律责任和接受监督的义务，容易滋生腐败。

## 第四节　保障机制影响因素分析

### 一、资金来源单一

目前国外社会组织研究成果以及实践活动都已表明：制约社会组织生存、发展以及服务功能输出的主要瓶颈就是资金不足和来源单一。国外社会体育组织的资金来源形成了多元化的格局，可以维持社会组织自身的正常运行。国内外非营利组织的研究和实践都表明，非营利组织的资金来源本来就是丰富多样的，而且在非营利组织竞争激烈的情况下，非营利组织也不能依赖单一的资金来源维持自身的正常运行和功能输出。莱斯特·M.萨拉蒙通过多年的研究，将各国的非营利组织的融资渠道划分为会费和其他商业收入、政府支持、慈善和私人捐赠。西方发达国家的非营利组织通过多年发展已经善于利用多渠道获取资金，形成了以政府支持为主，会费及其他商业收入为辅，慈善及私人捐赠为补充的资金筹措模式[1]。浙江省社会体育组织资金的主要来源是政府拨款和委托项目投入，其次是会费和成员捐赠，实体或服务收入所占比例较少，企业或私人捐赠更少，这就造成社会体育组织资金来源单一。一些社会体育组织在调查访谈中反映由于组织经费太少，在近几年并未开展任何实际项目或活动，遑论供给体育公共服务。资金来源单一已经直接制约浙江省社会体育组织供给体育公共服务。对这一问题进行深入研究，我们发现一些社会体育组织由政府扶持建立，以往其运行的主要资金来源是政府财政拨款和补贴，因而这些社会体育组织形成了"等靠要"的发展思维，缺乏长袖善舞筹措资金的能力。现在政府职能改革、政府财政支持日益讲求公平和效率，这些社会体

---

① ［美］莱斯特·M.萨拉蒙：《全球公民社会——非营利组织的关系》，社会科学文献出版社 2002 年版，第 189 页。

育组织的生存和发展更是艰难。我国尚未建立政府对社会组织资金支持的机制，公共服务购买制度尚未普及。社会、企业及个人对社会体育组织捐赠的税收减免政策也尚未明确，没有起到对捐赠的鼓励作用，从而使社会体育组织获得社会捐赠的难度加大。此外，浙江省一些社会体育组织的资金使用不合理，社会体育组织有限的经费大多用于补贴、补助、办公等非体育公共服务项目上。这些不合理的财务制度使得社会体育组织获得经费的难度加大。

## 二、法律规范体系尚不健全

目前社会体育组织供给体育公共服务尚处于"无法可依"的迷惘中。

第一，社会组织的立法层次较低、法律规范力度较小。当前我国社会组织法律法规仅有《社会团体登记管理条例》《民办非企业单位登记管理暂行条例》和《基金会管理条例》三部。同时由国家民政部出台的部门专项法律法规也仅有《取缔非法民间组织暂行办法》《民办非企业单位登记管理暂行规定》。从法律权限角度来看，这些法规效率低于法律，并且内容多年未修订，无法适应新形势下的要求。

第二，实体法缺乏。社会体育组织供给体育公共服务可依循的实体法只有《政府采购法》《招标投标法》，其中《政府采购法》中所界定的服务采购范围仅限于政府自身运作的后勤服务，公共服务项目并没有被纳入采购项目，购买的客体中也没有列入社会组织，也就是说，社会组织在法律上并不具备公共服务的主体资质，这在法律规定上造成了社会组织的弱势地位。而相关法律法规的缺失，导致地方政府往往出台一些指导性意见或者干脆用相关文件来推进工作。由于地方政府实践经验不足，其出台的指导性意见可能并不符合实际情况，则实施方法也缺乏可操作性，不仅效率低而且随意性较大，极大的阻碍了政府购买社会组织公共服务的工作进程①。我国相关地方法规远远不如发达国家（见表 4 - 6）。同时从法理角度来看，当前我国所颁布的社会组织管理的法律法规大多是程序性规定，对于社会组织的内部治理结构、财产关系、公益捐赠税收优惠等实体内容极少涉及。显然实体法缺乏使得社会体育组织难以有效供给体育公共服务。第三，法规不统一。例如，我国税法对公益捐赠享受税收优惠政策作出明文规定，但是一些限制性解释条款使税收优惠政策执行困难，使得捐赠的企业、个人难以享受到减免税收的优惠政策，由此会削减捐赠热情，不利于社会体育组织的资金筹集。不同法律法规之间内容不一致，对于社会体育组织通过营利性活动获取收益补贴体育公共服务的行为合法性造成冲击。

第四，社会体育组织的登记管理部门与业务主管部门没有能各司其职。依据法律规定，我国对社会体育组织实施双重负责的管理制度，即社会体育组织的登记管理部门和业务主管部门均对社会体育组织具有管理职责。在实践中，由于登记管理部门和业务主管部门对政策理解和把握不同，所以两个部门之间的通力协作管理并不理想，存在着许多管理的空白地带。

第五，随着社会经济的发展，近年来浙江省出现了大批草根体育组织，一些境外的社会体育组织也开始开展活动。由于立法的滞后性，导致现行的有关社会组织的法律法规所涉及的主体基本上还是局限于国内社会体育组织，草根体育组织、境外社会体育组织都不在现行法律法规管理范围内。

第六，支持性法律法规不多。综观当前中央、各地方、各级民政部门单独或与其他部门联合颁布的各项政策法规，对于社会组织大多侧重于管理及限制，缺乏具有可操作的实体性规范，监督管理的规定多，培育扶持的内容少，而鼓励性的条款更加欠缺。并且现行的关于社会组织的各项条

---

① 叶定：《地方政府购买社会组织公共服务研究》，硕士学位论文，广西师范大学公共管理学院，2015 年，第 11 页。

例中，大多偏重于社会组织的登记程序，而对于社会组织管理及运作、工作人员的社会保障、税收优惠等社会组织供给公共服务过程中的关键问题却鲜有规定。

**表 4-6　各国关于购买公共服务的地方立法数量**

| 国家 | 立法数量 |
| --- | --- |
| 美国 | 1140 |
| 日本 | 1037 |
| 英国 | 974 |
| 中国 | 105 |

来源：检索 2015 年文献资料数据汇总而来。

## 三、供给运作过程不规范

第一，我国对体育公共服务类型及内容尚无明确的标准。以浙江省社会体育组织供给体育公共服务的主要形式——政府购买体育公共服务来看，政府对自身需要购买的体育公共服务产品以及这些体育公共服务产品的质量、价格等都缺乏明确的标准和规范。由于浙江省各地级市社会经济发展水平不同，各地政府所制定的体育公共服务的标准有很大差异，导致一些不符合社会公众体育需求的体育服务获得财政支持或补贴，甚至一些私人体育服务产品也获得财政支持或补贴。

第二，政府对社会体育组织的资格、资质尚无明确的标准。政府需要对社会体育组织的人力资源、管理能力、协调能力、社会动员能力以及创新能力等进行综合评价。现在能够供给体育公共服务的社会体育组织较少，使得政府公开招标购买体育公共服务流于形式。甚至有些地方政府以私下谈判的形式，选择与自身具有亲密关系的社会体育组织来供给体育公共服务。同时，一些社会体育组织在供给体育公共服务过程中出现异化现象，即在承接供给体育公共服务过程中出现与自身非营利性特征相悖的逐利倾向，将体育公共服务作为私人物品来生产，导致体育公共服务的公共性丧失。

第三，体育公共服务的购买程序是否公正妥当，将直接影响购买结果。从一些地方政府的实践来看，在体育公共服务购买过程中都存在着一定程度的"程序缺失"问题。例如，一些政府在购买体育公共服务前没有收集和分析社会公众的体育公共服务需求，也未制定详尽合理的整体规划，在很多时候未能确定所要购买的体育公共服务的详细目录和技术标准，此外也没有确定体育公共服务的采购价格。政府面向社会进行体育公共服务购买招标时，公开、公平招标的法律制度不完善、不健全，购买过程中的公开性和竞争性难以尽如人意；政府常常将内部选择、委托、内部监管等内部购买行为作为一般情况处理，也未引入第三方的监督程序。

## 第五节 评估机制影响因素分析

### 一、评估机制的概念

评估，《现代汉语词典》解释：评议估计；评价。例如，资产评价。依据词典中的解释，我们可以对其进行分析，评价是指一方对于另一方的依据制定评价标准，并采用一定的程序对其检测是否符合评价标准的过程。社会组织评估，是指政府、公民个人、社会团体、社会舆论机构、中介评估机构等通过一定程序和途径，采取直接或间接，正式或非正式的方式评估社会组织绩效①。

机制一词在前文中已经解释了，机制是整体所表现出来的运行方式，它和体制、制度有一定的联系。从某种意义上讲，没有制度的规范、体制的布局，就不会有机制。社会组织评估机制首先包括评估的制度，依据前文中的解释，我们可以定义成评估体系。评估体系依据社会体育组织要达

---

① 王占坤、吴兰花、张现成：《地方政府购买公共体育服务的成效、困境及化解对策》，《天津体育学院学报》2014 年第 5 期。

到的标准而制定，是评估者对于社会体育组织发展的要求。社会组织评估机制还应包括执行评估的部门（评估主体）。浙江省社会体育组织的评估是由民政部门统一进行的，而作为其业务主管部门的体育局，不会或者很少参与评估工作。杭州市体育局相关负责人告诉我们，对于社会体育组织评估，都是由第三方完成的，依据民政部对社会组织考察的社团标准进行评估。浙江省民政厅印发的《浙江省社会组织评估工作规程》中第十一条规定，评估委员会根据申报情况，委托第三方评估机构，对参评社会组织进行初步评估。这里的第三方机构没有明确指出机构名称，对于第三方机构是否有评估的资质，评估质量，我们都不清楚。并且对社会体育组织的评估工作要有时间持续性，组织的发展符合生物学生命周期规律，每一个组织生命周期中都会有不同的表现或者需要重点培养的部分，这也是评估工作效度的一个重要参考。

## 二、建立评估制度的必要性

随着改革开放的深入，我国社会主义市场经济制度逐渐完善，法律制度逐渐建全。政府职能正在转变，政府和有关部门大力扶持社会组织发展。截至 2015 年，各类社会组织总量已经达到 66.24 万个，包括社会团体 32.85 万个，社会组织 32.91 万个，基金会 4784 个。社会组织涉及科技研究、慈善、农业及农村发展、宗教、教育、体育、生态环境、涉外组织等，在其各个领域发挥着极其重要的作用，成为承接现代政府职能转变的重要力量，在促进经济社会发展，创造就业，提供社会公共服务等方面发挥了重要作用。但我国社会组织人均占有数量远远低于世界平均水平。我国的各类社会组织的发展仍处于初级阶段，面临着发育不成熟、规模较小、人才不足、发展不均衡等问题。截至 2015 年年底，浙江省共有社会团体 20745 个，比 2016 年增长 6.77%，按照社团活动地域划分，省级社团 1118 个，地级社团 4808 个，县级社团 14819 个。从表 4-7 可以看出工商业服务类社会组织最多，体育类社会组织排在第五位。对于社会体育组织评估的必要性可以从以下三个方面进行分析。

一是社会组织管理主体有效性不足。当前我国对于社会组织实行的是双重管理体制，民政部门负责统一组织登记审查、注销登记，对社会企业组织进行监督等业务，并负责社会组织的年检，协助登记机关和其他部门处罚违法行为，因此还必须有一个部门负责其相关业务的审查工作。浙江省社会体育组织的业务主管部门是体育部门，变更登记年检以及监督工作是由民政部门完成。在实际工作过程中，浙江省民政部门的主要工作却放在了组织登记变更上，体育部门的业务审查也变为登记业务审查，形成了"重登记轻管理"的模式，对于社会体育组织注册后的发展，没有给予足够的重视。

二是社会组织自身能力不足。我国社会组织从无到有的发展起来，从调查数据及发展规模上看，浙江省社会体育组织的发展仍处于初期阶段，存在组织机制不完善，业务不专业等情况。社会体育组织缺乏明确的发展规划和目标，不知如何健全机构、完善制度，建立内部管理机制、决策机制和监督机制，导致工作效率低下，项目运行能力不足。对浙江省社会体育组织进行评估，一方面是给组织设立一个明确的目标，另一方面也会起到规范组织发展加快专业化进程的作用。

三是社会体育组织社会公信力缺失。目前，浙江省社会体育组织普遍缺乏公信力以及大众关注度。社会公众对于社会体育组织提供公共服务认可度不高，或者认为只有政府才可以建设公共体育设施，这样的观念根深蒂固，所以对社会体育组织提供的服务，往往缺乏信任。出现这种现象的很重要的原因是缺少一种可信任的评估机制对社会体育组织进行评价。由于现在处于初期阶段，社会体育组织能力严重不足，组织的法律规范性、活动的专业性以及自律性相对缺乏。综观国外社会体育组织发展经验，评估制度是一种非常好的管理手段，也是一种购买社会组织服务的参考标准。通过评估手段可以完善社会组织监管和提高社会组织发展能力，规范社会组织业务发展方向，提高规范运作的意识，树立社会公信力。同时社会组织评估结果也会直接影响社会志愿者服务意向以及公众捐赠。

表 4-7    浙江省 2015 年各类社会组织数量统计

| 类型 | 数量（单位个） |
| --- | --- |
| 工商业服务类 | 3635 |
| 社会服务类 | 2167 |
| 职业及从业组织类 | 2105 |
| 文化类 | 2035 |
| 体育类 | 1771 |
| 农业及农村发展类 | 1708 |
| 科技研究类 | 1315 |
| 教育类 | 845 |
| 卫生类 | 617 |
| 生态环境类 | 505 |
| 宗教类 | 360 |
| 法律类 | 226 |
| 其他（包括很多分类不清的） | 3360 |
| 国际及涉外组织类 | 96 |

注：资料来源于浙江省民政厅官网。

### 三、评估主体业务不熟练

评估主体是对评估对象作出评估的组织或个人。评估主体必须具备专业的评估队伍，对评估领域的业务非常熟悉，有权威的评估资质，并且具有一定的社会公信力。由于各个国家的历史、文化、法律、政策体系与经济体制不同，所以对社会组织评估的主体也不相同。

依据评估主体的实际情况，目前对于社会体育组织评估的方式主要有三种，即政府评估、政府委托的第三方机构评估、独立第三方机构评估。首先，政府评估具有权威性和社会公信力，并且政府评估社会组织可以及时监督。例如，英国建立专门的评估慈善委员会对社会组织进行评估。政府委托的第三方机构，具有一定的自主性，它是政府独资的临时评估机构或者受委托的社会评估机构，它属于半官方机构，协助政府进行社会组织管理。独立第三方机构评估也就是我们所说的社会评估,它与政府委托第三方机构评估不同,它具有完全的社会性,不受政府部门的干预,可以独立完成评估工作,一般这类机构的评估效度和信度较为可信,但前提是必须保证机构的规范性和专业性。例如,美国成立的"全国慈善信息局"就是独立的社会评估机构,由于其专业性和规范性,具有较强的社会公信力。

从浙江省对社会体育组织评估状况来看,主要有政府评估和第三方评估。政府评估的主体是民政部门,而不是其业务主管部门,民政部门用统一的方法评估所有社会组织,对体育类社会组织的评估也是一样的。这样的评估方法不能对不同类型的社会组织作出针对性的评估,评估结果没有起到引导作用,也不能有针对性地促进社会组织的规范发展。社会体育组织的业务主管部门是体育局,不参与社会体育组织的评估工作,这样容易导致评估和监管脱节。体育局对社会体育组织评估过程中出现的问题,不能进行及时的反馈处理。同时,我国第三方评估机制不完整,第三方评估主体的专业性、公信度等都有待确认。采用第三方评估会出现评估部门为了评估而评估,会受到各种利益诱惑,从而影响评估结果和评价质量。

## 四、评估指标体系设计脱离实际发展情况

评估指标体系是评估系统的重要组成部分,社会组织评估指标体系设计的科学与否将直接决定评估机制的有效性。社会组织评估的内容和指标可以从多个方面划分,有的将其划分为问责性评估指标、绩效评估指标、能力评估指标;有的将其划分为组织使命与战略规划评估、项目评估、能力评估等;有的将其划分为组织诚信评估、组织管理评估、满意度评估等指标。虽然指标体系划分的标准不同,但是在指标设计时应着重把握目的性原则、科学性原则、可比性原则、系统性原则以及既全面又精简的原则。

## 五、没有建立高效率的第三方评估机制

评估是绩效管理的关键环节,第三方评估是政府绩效管理的重要形

式。通常包括独立第三方评估和委托第三方评估。第三方评估作为一种必要而有效的外部制衡机制，弥补了政府自我评估的缺陷，在促进服务型政府建设方面发挥了不可替代的促进作用。第三方评估的概念是与政府绩效管理、政府绩效评估的概念联系在一起的。在第三方评估中，"第三方"的"独立性"被认为是保证评估结果公正的起点，而"第三方"的专业性和权威性则被认为是保证评估结果公正的基础。

从西方国家实行"第三方评估"的经验来看，第三方是指在第一方——被评对象和第二方——顾客（服务对象）之外的一方。由于"第三方"与"第一方""第二方"都不具有任何行政隶属关系，也不具有任何利益关系，所以一般也会被称为"独立第三方"。在西方，多数情况下是由非政府组织，即一些专业的评估机构或研究机构充当"第三方"。这些非政府组织可以保证作为"第三方"的独立性、专业性、权威性的要求。这样的组织在我国被称为社会组织。由于社会组织是民间性的非政府组织，在某种程度上承担了政府的部分职能，在当下推行"小政府大社会"的前提下，政府职能转变的直接对象就是社会组织。《中华人民共和国宪法》将政府组织的自我评价称为第一方评价，政府系统内部上下级资金的评价称为第二方评价，第一方评价和第二方评价都属于内部评价。第三方评价是指由独立于政府及其部门之外的第三方组织实施的评价，也称外部评价。倪星、李志等认为，第三方评价最大的特点是第三方评估的主体多样，可以是专家组、专业评估公司、舆论界、社会组织和社会大众特别是利益相关者等。

浙江省社会体育组织评估遵循《社会组织评估管理办法》《浙江省社会组织评估工作规程》和《浙江省民政厅关于开展 2016 年度全省性社会组织评估工作的通知》要求，先进行社会体育组织自评，再经过第三方评估机构进行实地考察，浙江省社会组织评估复核委员会复核，最后由浙江省社会组织评估委员会审定方可完成评估。但在实际操作中，相关的细节还需具体落实。在浙江省社会体育组织评估的文件中，没有对第三方评估机构进行详细的描述，我们对第三方评估机构是否具有评估资质尚不明确。浙江省相关文件没有对第三方给出具体的规定。

## 六、奖励机制不足

奖励机制是指把奖励作为一种激励手段，如果使用得当能进一步激发人们自我完善的积极性。奖励包括物质的，也包括精神的，或者物质和精神二者兼有。奖励系统的实施和绩效评估的有效性之间的关系对于所有绩效管理环节来说是很重要的。很明显，将绩效评估的结果和金钱奖励结合在一起能使绩效评估系统变得更有效。有研究发现，当奖励与评估结果结合时有效性变得很高，这与过去经常提到的当评估不与金钱奖励结合时评估十分有效的观点是矛盾的。

浙江省对于社会体育组织评估结果缺乏有效的奖励机制，评估的有效程度取决于评估结果，评估结果不仅是对社会体育组织绩效的评估，从政府方面来看，如何更好的运用评估结果帮助社会体育组织发展是非常重要的。浙江省缺乏对社会体育组织的评估结果的有效运用。依据《社会组织评估管理办法》第二十八条规定，获得 3A 以上评估等级的社会组织，可以优先接受政府职能转移，可以优先获得政府购买服务，可以优先获得政府奖励。但在实际工作中，大多数符合条件的社会体育组织仅获得精神上的奖励，物质和财政上的奖励不足。虽然评比名次和社团等级是一种名誉上的奖励，有利于社会体育组织提升社会公信力，但是我国社会组织发展处于初期阶段，此时社会组织对于物质上的需求远大于名誉上的需求。再者，评估主体的公信力是需要经过漫长的时间检验和经验积累形成的，对于浙江省体育组织社会评估的公信力，还有待时间的检验。当前评估结果所带来的社会公信力提升并不明显。社会体育组织获得的名誉上的奖励远远不足以激励社会组织发展，不能够调动社会体育组织参与评估的热情，因此社会体育组织需要必要的物质奖励。

# 第五章 浙江省社会体育组织供给
# 体育公共服务的现有模式分析

## 第一节 浙江省社会体育组织供给体育公共服务的背景

### 一、浙江省社会体育组织供给体育公共服务具有多方面的需求

#### （一）实践"以人为本"的科学发展观的需要

近年来，我国体育事业取得了优异的成绩和辉煌的成就，竞技体育在世界各大赛事上表现优异，成绩突出。群众体育的发展也得到了肯定，群众参与体育的热情、参与人数、参加锻炼的时间相比过去都得到了提高。但我们也要清楚地认识到，目前体育发展的程度远远没有满足我国人民群众对体育的需求，群众体育普及率和水平都有待进一步提高，体育产业的发展水平仍然很低，政府对群众体育公共服务的数量供给不足，质量有待提高，各种阻碍体育发展的问题依然突出。在现代城市发展过程中，居民享有健康的权利已成为一种共识，"健康是人全面发展的基础，关系千家万户幸福"。党的十七大将实现人人享有健康作为今后党和国家工作的战略目标之一。2017年10月《"健康中国2030"规划纲要》正式颁布，落实各项体育公共服务，既是以人为本的思想在体育领域中的体现，又是"健康中国"的时代要求，更是维护社会公众应有的体育权利的保障。例如，在全国首个"全民健身日"前夕，前杭州市体育局党委书记、局长赵荣福说："2009年杭州的群众体育工作，要坚持以人为本。"在此社会背景下，浙江省社会体育组织供给体育公共服务的模式应运而生。

### (二) 推进新型城镇化的需要

走新型城镇化道路，努力提高浙江省城市化水平，是浙江省需要举全省之力解决的重大经济发展任务。当前浙江省在我国各个省市中，城市化建设处于中上游水平，据浙江省统计局和国家统计局浙江调查总队的数据，截至 2016 年浙江省城市化水平达到 67%，高于全国平均水平 10%—12%[①]。在高城市化水平基础之上实施新型城镇化，浙江省不能走发达国家以及我国发达地区的老路，需要依据自身的资源和省情特点实施新型城镇化道路。浙江省推进新型城镇化建设需要按照城乡融合发展的要求，完善公共基础设施和服务。全民健身服务体系是公共基础设施和服务的基本组成部分，历史遗留问题较多，因而需要构建体系完备、功能齐全的体育公共服务体系。一是要重点协调和整合体育、医疗等各部门的力量，实现社区体育、教育及卫生等社会资源的整合共享从而提高资源利用效率；二是要依据体育现代化的建设要求，进一步拓展和开发社区体育功能。结合浙江省社会经济发展的特征，形成新的体育形式与内容，促进体育生活化，推进大众健康并实现健康公平，防止因病返贫，促进社会和谐；三是通过建设适应老龄化社会以及体育现代化要求的体育公共服务体系形成浙江省全民健身的特色及形式，为浙江省新型城镇化建设赋予时代特征与特色。与其他领域的公共服务体系相比，浙江省社会体育组织供给体育公共服务的建设相对滞后，供给的体育资源不足。浙江省城镇化的快速发展，要求完善体育公共服务体系，逐渐缩小体育公共服务体系与其他公共服务体系的差距。与此同时，新型城镇化的不断发展，要求体育公共服务城乡一体化、区域一体化，破除体制和制度的壁垒，增强体育公共服务体系的功能，而公共体育服务资源不足很难在短期内满足要求。因此，体育公共服务的需求超过了供给，这给体育公共服务体系带来了承载能力的

---

① 浙江省统计局、国家统计局浙江调查总队：《2016 年浙江省国民经济和社会发展统计公报》，2017 年 2 月 24 日，见 http://www.zj.gov.cn/art/2017/2/24/art_5497_2219112.html。

挑战①。

### （三）建设健康城市的需要

伴随着城市化进程加速，城市健康问题开始大量出现，影响人类以及城市的可持续发展。世界卫生组织（World Health Organization，简称WHO）于 1986 年开始设立"健康城市"（Healthy City Project，简称HCP）项目。"健康城市"项目已经发展成为一项全球性的行动战略，截至 2005 年，全球大约有 4000 个城市加入国际健康城市协作网络。2007年，杭州市成为我国省会城市中唯一被列为全国首批建设健康城市的试点城市，杭州上城区、下城区、拱墅区率先开展建设"健康城市"试点工作。其后浙江省内的宁波、温州等城市也开始创建"健康城市"。依据上海师范大学都市文化研究中心和上海华夏社会发展研究院联合发布的《2015 健康中国发展报告》和《2016 中国健康城市发展报告》，对国内城市的健康指数进行排序分析显示，温州市在 74 个地级城市中健康综合指数排名全国第 2②。WHO 提出的健康城市指标体系共 12 个方面 338 项指标，其中涉及体育方面的指标共 23 项。浙江省内的杭州市、宁波市、温州市在体育方面的指标尚未达到 WHO 所提出的"健康城市"的要求。另一方面，自 2016 年以来，中共中央、国务院先后印发了《"健康中国2030"规划纲要》《全民健身计划（2016—2020 年）》《关于加快发展健身休闲产业的指导意见》，可以看出，创建健康城市是实现"健康中国"的重要组成部分，是实现全民健身、全民健康、全面小康的国家战略，是实现"中国梦"和"两个一百年"的重要举措。温州市在全国率先提出要打造"运动健康城市"，这是在建设"健康城市"基础之上更为具体和具有浙江省特色的城市发展目标。据悉，浙江省内的杭州、宁波等城市也即将开始类似的运动健康城市建设。"健康城市"以及"运动健康城市"离不开政府、社会组织、企业以及城市居民等多元主体的协同参与，社会体

---

① 王占坤：《浙江省公共体育服务体系建设研究》，博士学位论文，福建师范大学体育学院，2015 年，第 35 页。

② 刘海丹：《温州健康指数位列全国 74 个地级市第 2》，《温州商报》2016 年 12 月 31 日。

育组织供给体育公共服务既是"健康城市"以及"运动健康城市"建设的应有之义，也是推进"健康城市"以及"运动健康城市"建设的动力源泉。

### （四）率先实现体育现代化的需要

作为经济较为发达的省份，21世纪初以来，浙江省就积极推进体育现代化。2016年《浙江省体育发展"十三五"规划》明确提出要推动浙江省体育从"政府驱动"的传统体育向"社会内生"的现代体育转型。就群众体育而言，其具体目标是体育公共服务能力和水平进一步增强，基本建成"全覆盖、高水平"的体育公共服务体系。根据学者们已有的研究成果，我们认为体育现代化具有以下几个特征：一是现代体育占据主导地位；二是具有现代意义的传统体育得到继承和发展；三是体育在人的现代化中发挥着重要作用；四是体育运动在群众中得到普及；五是基层体育活动组织化提高；六是体育资源丰富并且利用率较高。就体育现代化的实质来看，是由"政府驱动"的传统体育向"社会内生"的现代体育转型，体育现代化实现的基础既在于政府部门的资源投入和积极建设，又在于包括社会体育组织在内的社会力量的投入。因此，社会体育组织供给体育公共服务是浙江省实现体育现代化的必然要求。

例如，温州瓯海区在2012年成为首批省级体育现代化区试点单位以来，瓯海已有22个单项体育协会，各类分会70多个，社区体育社团组织120余个，实现所有社区全覆盖。每年全区各级体育类社团举办、承办群体赛事活动100场次以上。瓯海区积极创新社团管理模式，推进政府向社会组织转移职能。该区是全省首家以授权方式向体育社会社团下放业务指导管理权限的单位。目前全区已有2000余名体育社团会员在瓯海体育社团管理服务平台注册登记。瓯海区成立全省第一家县区级专业体育社团服务中心，负责全区体育社会团体的培育、指导和服务工作。目前，全区所有镇街的文化站更名为文体站，实现文体资源共享。体育组织网络的重心延伸到镇、街道，部分村居还配备村级文体员，形成区、镇、社区、村四级体育网络。抓住城市转型发展破难攻坚和实施"三改一拆"大行动的有利契机，致力抓好基层体育设施建设。截至 2015 年年底，全区拥有 252 个小康体育村，676 个全民健身点（苑），社区 100％ 覆盖，行政村 70％ 以上覆盖。启动自行车绿道、健身广场、登山健身步道、健身绿道、塘河游泳池等项目建设。打造浙江省首个全民健身公共服务平台，将全区所有与体育有关的数据录入数据库，以电子地图的浏览形式，形象直观地掌握体育场地、周边交通、社会体育指导员等信息[①]。

### （五）健康老龄化的需要

当前人口老龄化问题已经成为全球性的问题，目前全世界已经有近三分之一的国家步入"老年型"国家。老龄化问题成为全球经济可持续发展的重大制约因素。专家和学者对人口老龄化的定义大同小异，目前受到普遍认可的老龄化的定义是 20 世纪 80 年代联合国老龄大会给出的定义。该定义将 60 岁以上的人口数量占某国或某地区人口总数量的 10％，或 65 岁以上的人口数量占某国或某地区人口总数量的 7％ 的情况认为定为老龄化社会。新中国成立以来，我国人口数量激增目前已达到 13 亿，是世界上公认的人口大国。虽然人口众多给我国经济发展带来了丰厚的"人口红利"，但是我们也要看到我国人口结构出现了明显的老龄化趋势，目前每年新增 60 岁以上人口达到 300 万人，老龄人口增长率已经超过了总人口增长率。"十二五"时期我国"人口红利"窗口期已趋近关闭，老龄化社会已经形成，老龄化问题成为我国不得不面对的社会问题。根据浙江省发布的《浙江省 2016 年老年人口和老龄事业统计公报》，按户籍人口统计，截至 2016 年年末，浙江全省 60 岁及以上老年人口达 1030.62 万人，占总人口的 20.96％，比上年同期增长 4.73％。近年来，浙江省老年人口持续快速增长。老年人口总数由 2006 年年底的 674.26 万人，增长到 2016 年年底的 1030.62 万人，老龄化系数由 2006 年年底的 14.55％ 增长到 2016 年年底的 20.96％。老年人口净增 356.36 万人，年均增长 4.33％。数据

---

① 黄松光、项赛风：《瓯海跻身省级体育现代化区 每个社区都有体育社团》，《温州商报》2016 年 3 月 7 日。

显示，浙江省老龄化程度明显加深，迫切需要积极应对人口老龄化带来的系列问题①。从老年学的角度来看，人的老化并不完全等同退化，人处于老年期其身体功能逐渐衰退，但其他功能，例如心理、人格、情绪、大脑认知发展等并不会完全退化。依据老年期的特征以及面对的挑战，国外相关研究指出老年期应避免疾病与失能，维持认知和身体功能，从事社会活动，当这三方面能同时达成时即达到健康老龄化的状态。所谓"健康老龄化"（Healthy Aging）是指在老龄化社会中，绝大多数老年人处于生理、心理和社会功能的健康状态，使社会发展不受过度人口老龄化的影响。依据此标准，目前浙江省还未达到健康老龄化，大部分老年人罹患各种慢性疾病或者身体机能丧失、认知功能下降（例如老年痴呆），不能有效参与社会活动。健康老龄化需要通过疾病预防（例如饮食与运动）、生物医学、教育、社会支持、增进自我效能等途径来实现，其中体育运动对于疾病预防、维持认知、保持身体功能具有不可替代的作用，因而体育运动作为一项大众乐于参与的社会活动成为实现健康老龄化的重要策略。为积极应对人口老龄化带来的系列问题，浙江省政府在 2017 年 6 月 1 日印发的《浙江省老龄事业发展"十三五"规划》中，明确规定了"十三五"老龄事业发展将把完善老年收入保障制度、推动养老服务全面发展、提升老年人健康服务、保障老年人合法权益等八个方面作为主要任务。在 2010 年，杭州市 68 个街道、128 个乡镇、746 个社区、2160 个行政村中建立了老年体协组织，在浙江省率先实现了基层老年体育组织全覆盖。因此，面对浙江省人口老龄化的现状，我们认为浙江省基层老年体育组织以及其他社会体育组织应该积极发挥作用，为老年人群体提供各类体育公共服务，促进浙江省老年人健康老龄化。

---

① 中新网：《浙江老年人口逾千万 老龄化程度明显加深需迫切应对》，2017 年 6 月 19 日，见 http://www.chinanews.com/jk/2017/06-19/8255285.shtml。

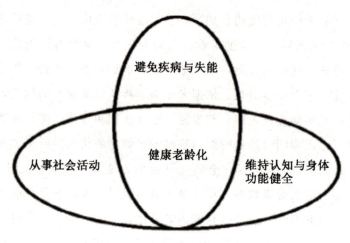

图 5-1　健康老龄化三要素

### （六）加强体育公共服务供给的需要

根据国外经验，当一个国家的人均 GDP 为 1000—8000 美元时，这个国家的公共服务也进入总量增加、内涵扩展、结构优化的发展阶段，由此必然要求体育公共服务在价值理念、管理水平，特别是服务质量上有较大提升以满足社会公众需求。2016 年，浙江省 GDP 达到 46484.98 亿；全省人均 GDP 为 83157.39 元，高于全国平均水平。从各地级市来看，杭州、宁波和温州 GDP 总量领先，分别为 11050.5 亿、8541.1 亿和 5045.4 亿。从人均 GDP 来看，浙江全省各地市均超过全国平均水平。杭州、宁波和舟山位列前三，杭州市人均 GDP 为 18106.83 美元。宁波市人均 GDP 为 16328.44 美元，舟山市人均 GDP 为 15971.59 美元。在这样的社会经济发展背景下，浙江省体育公共服务需要进一步发展，从而更好地满足社会公众不断增长的体育公共服务需求。浙江省体育公共服务由建设发展期过渡到建设成熟期，是培育亮点、打造精品、实施品牌带动，形成具有区域特色的社区体育发展的主要时期。《浙江省全民健身条例》第十一条规定，乡（镇）人民政府、街道办事处应当将全民健身工作纳入公共服务体系建设。2008 年北京奥运会的顺利举办和我国运动员在奥运会上取得的优异成绩，激发了群众参加体育活动的热情；家庭收入增长，使个体参加体育锻炼活动有了经济保证；生活节奏加快，产生了社会文明病，提升了人们参加体育锻炼的迫切性；国家重视群众体育的发展，力求合理分配体育资源，让竞技体育和群众体育实现协调发展。对于浙江这一经济发达省份而言，加强体育公共服务供给，需要切实把握住居民的多样化体育需求，同时也需要更为方便、快捷地向居民提供体育公共服务，这就需要浙江省社会体育组织供给体育公共服务。

## 二、浙江省社会体育组织供给体育公共服务的有利条件

### （一）初步形成有利的法制政策环境

地方性政策法规更具有针对性和可操作性。浙江省结合本省经济社会发展的实际，针对国家出台的政策法规，制定了地方性法规，例如《浙江省实施〈中华人民共和国体育法〉办法》《浙江省全民健身条例》《浙江省实施〈公共文化体育设施条例〉暂行办法》和《浙江省全民健身实施计划（2016—2020年）》等，进一步明确了体育公共服务的供给主体、供给办法及政府的作用。2008年浙江省《基本公共服务均等化行动计划》提出"全民健身服务体系进一步完善。城市社区和农村普遍建有健身路径，创建小康体育村15000个；城乡公共体育场馆设施逐步实现免费开放，社会单位体育场馆设施逐步实现对外开放，人均体育场地面积达到1.6平方米，体育人口达到45％，国民体质合格率达到88％"。2012年《浙江省基本公共服务体系"十二五"规划》指出："加强公共体育服务体系建设，积极推进全民健身，进一步增强人民体质。"《浙江省全民建设条例》（2007年）指出："县级以上政府体育行政部门应当根据国家有关规定和本地区实际，制定本行政区域的国民体质监测方案，并会同统计、教育、卫生等部门组织实施，定期向社会公布监测结果。"以上政府文件保障了城乡居民依法享受国民体质监测服务的权利。浙江省体育局和教育厅联合出台了《关于推进学校体育设施向社会开放的实施意见》明确了学校体育场馆资源应该融入体育公共服务体系，提高学校体育场馆的利用率。此外，浙江省根据自己的地域特色和体育事业发展需要颁发了《浙江省海洋

体育发展规划（2011—2020 年）》保障了海洋体育公共服务资源的有效开发和利用，满足人民群众日益增长的多元化的体育需求①。上述中央和地方政府的体育政策法规表明，政府已经采取多种措施保障和推动浙江省社会体育组织供给体育公共服务的建设，政策法规的制定打破了以往由体育部门单方管理的格局。多方联动、共同参与社会体育组织供给体育公共服务建设的格局已经初步形成。国家和地方政府颁布的这一系列法律法规，为浙江省社会体育组织供给体育公共服务的建设提供了有力保障。

**（二）政府职能转变带来的机遇**

20 世纪 80 年代末以来，为了提高公共服务的效益，在世界范围内兴起了新公共管理的浪潮。戴维·奥斯本（David Osborne）和特德·盖布勒（Ted Gaebler）提出了企业家政府的概念，认为政府的职能是"掌舵"而不是"划桨"，应该让公民参与政府对公共服务的提供②。E. S. 萨瓦斯（E. S. Savas）认为，在公共部门的改革中，建立伙伴关系是核心要素，伙伴关系包括公民、志愿者、企业和社会组织，这就是说公共服务供给应改变以往政府单一供给的状态，应更多的采用市场化、社会化的手段。我国政府也将"小政府、大社会"作为政府职能转变和机构改革的目标。政府职能实现行政管理型向社会服务型转变使体育改革进一步深化，城市化进程加快，城市综合实力显著增强，市民文化生活日趋丰富。体育已成为广大市民生活的一部分，城市居民的多元化、多层次健身需求与政府提供的体育公共服务矛盾日益突出，使得全民健身的目标难以实现③。在此背景下，各级政府开始重视体育公共服务建设，也着手构建体育公共服务体系。尤其注重面向大众的基本体育公共服务建设，但是服务内容繁多、任务艰巨，单由体育行政部门一方力量是无法完成的，必须走体育公共服务社会化的发展道路。从国外体育公共服务的经验和国内其他领域政府职能

---

① 王占坤：《浙江省公共体育服务体系建设研究》，博士学位论文，福建师范大学体育学院，2015 年，第 39 页。

② ［美］戴维·奥斯本、［美］特德盖·布勒：《改革政府：企业家精神如何改革着公共部门》，上海译文出版社 2006 版，第 89 页。

③ 李建国：《〈全民健身条例〉背景下的城市体育服务改革》，《体育科研》2010 年第 4 期。

转移给社会组织已取得的良好效果来看，理想承接对象就是社会体育组织①。社会体育组织是为广大城市居民提供体育公共产品与服务的重要力量，是参与体育公共服务的重要力量，是承接政府职能转移，提高政府管理社会化水平的重要载体。浙江省在国家各种政策扶持下，经济发展迅速，人民生活质量日益提高，对体育公共服务的需求与日俱增，社会体育组织不断涌现。因此，社会体育组织的市场化运行对政府体育行政部门的职能转变起到积极的推动作用。

### （三）社会多元化发展

我们正处在一个多元的时代，改革开放逐步解构了高度集中的计划体制，整个社会呈现多元化的发展趋势。我们可以发现，在中国悠久的历史中，还没有哪一个时代像今天这么纷繁复杂、丰富多彩。资源在社会成员之间通过各种方式实现了重新分配，这就形成了不同的"利益群体"。这些利益群体具有自身独立的利益共同点，并且在社会活动中注重维护这种利益，与其他社会群体构成一种竞争与合作的关系，这又导致社会结构的分化，使社会结构呈现出多元化的景象。与此同时，人们的思想观念也在发生着深刻的变化。"人们思想活动的独立性、选择性、多变性、差异性明显增强，他们基于各自经济地位、教育背景的不同而找到了属于自己的文化群落。具有不同思想观念的人们虽然还会偶尔有争吵，但是他们正在学会彼此包容、互相尊重。这就是多元时代社会的基本景象②"。我国的改革仍在进行，而多元化的进程也在继续向纵深推进。在这个不断变化的时代里，政府对社会生活的影响力已经改变。广大民众在处理与其自身的生存、发展相关的问题时，有了自己的见解和方法。社会的多元化发展给民间力量的崛起提供了条件，为公民社会的成长创造了空间。面对多元化的社会，政府要重新认识自己、重新定位自己。在多元化的时代背景下，

---

① 王晓芳：《困境与选择：新疆体育社会组织市场化运行机制研究》，博士学位论文，山东大学体育学院，2014年，第67页。

② 张晓辉：《多元时代行政组织法的变革》，博士学位论文，中国政法大学行政管理学院，2008年，第56页。

发展社会体育组织并向其购买体育公共服务，是推进政府职能转变，跨越体育公共服务供给瓶颈的突破口，更是顺应时代潮流的最佳选择。

### （四）文化产业迅速发展

随着我国经济的持续发展，普通百姓也开始注重提高生活质量，加大文化消费，文化经济在国民经济中逐渐升温，成为新的经济增长点和重要产业。体育产业作为文化产业的一部分也伴随着文化产业的迅速发展而发展。文化产业是文化和经济兼有的形态，文化产业与体育产业的有效融合，不仅为我国的经济建设做出贡献，对我国的体育文化发展也有一定的意义。因此，要将体育产业与文化产业融合发展是我国的一项重要工作①。浙江省近年来文化产业的发展十分迅速，产业规模持续扩大，全省文化产业增加值由 2010 年的 1056.09 亿元增加到 2015 年的 2490 亿元，年均增长 18%；文化产业增加值占全省地区生产总值的比重由 2010 年的 3.88% 提高到 2015 年的 5.81%。浙江省近五年的文化产业总产值在不断提高，产业规模不断扩大，并逐渐形成了浙江省的产业特色；浙江省文化贸易也大幅提高。可见，近年来浙江省的文化产业得到了迅速的发展。体育产业作为文化产业的重要组成部分，随着文化产业的发展得到了良好的推动。在文化产业迅速发展的氛围下，浙江省社会体育组织供给体育公共服务的建设势必会得到人们的广泛关注。

### （五）社会组织自治、自我发展的文化基因与传统

浙江省的发展历程凸显了浙江省的高度社会组织自治、自我发展的文化基因与传统，温州市龙港镇的形成与发展更是浙江省社会组织自治和自我发展的成果。这说明浙江省是有能力依靠社会组织的力量取得进步的。体育公共服务本身就是面向社会大众的，体育公共服务的供给、发展、管理的责任转移给社会组织是有深厚的传统文化背景作为支撑的，体育公共服务来源于社会再服务于社会。例如，在 2017 年 9 月 5 日温州市成为首个社会力量办体育全国试点。作为全国唯一一个试点城市，温州将从鼓励

---

① 刘威：《论体育产业与文化产业的融合发展》，《当代体育科技》2017 年第 7 期。

社会力量办全民健身、鼓励社会力量办竞技体育、激发社会资本投资体育产业、健全体制机制和政策体系四个方面，为全国深化体育改革破题探路、提供经验。拥有改革基因的温州，早在 2007 年年初，就由社会民营资本与官方体育机构"联姻"创办了温州心桥体操艺术俱乐部。近年来，温州市社会力量越来越多地参与体育事业，呈现双赢、共赢、多赢的局面，一系列创新举措引起了国家体育总局的关注。2017 年年初，"推进社会力量办体育改革试点"被写入温州市第十二次党代会报告和市政府工作报告，并被列入市委重点改革项目。经过多方努力，温州市成为国家体育总局批准的社会力量办体育全国唯一试点城市。该项试点工作期限计划三年，将争取在体育管理体制、运行机制、工作格局、组织体系等方面寻求新突破①。

# 第二节 浙江省社会体育组织供给体育公共服务的现有模式及其典型实例

## 一、政府向社会体育组织购买体育公共服务模式

20 世纪 80 年代以来，政府改革运动打破了传统理论和管理模式的束缚，尝试用新理论对原行政理论进行根本性的调整，体现在政府充分利用市场和社会力量来实现公共服务的方面，出现了公私合作伙伴关系，其中公共服务购买就是其中之一，并且是一种很普遍的形式。

### (一) 政府向社会体育组织购买体育公共服务模式的形式

政府购买公共服务就是政府部门与私人部门签订购买协议，由政府出资，将涉及公共服务的具体事项承包给私人部门的行为。它是一种新型政府提供公共服务的方式，主要方法是"市场运作、政府承担、定项委托、合同管理、评估兑现"。即政府购买公共服务是指政府将由自身承担的为

---

① 杨世朋：《浙江温州率全国之先试点社会力量办体育》，《温州日报》2016 年 9 月 6 日。

社会发展和人民日常生活提供的公共服务事项交给有资质的社会组织来完成，并定期按照市场标准建立提供服务产品的合约，由该社会组织提供公共服务产品，政府按照评估履约的标准来支付服务费用。它要求：①必须是独立的民间组织承包服务；②对购买事宜和服务成果，有量化的评价标准；③政府的公共责任具有不可规避性；④确保用公平的程序选择适当的服务承包者。只有达到以上要求，才能发挥公私合作模式的优势。近年来，政府购买公共服务被各个地方广泛地应用于多个领域，主要有公共卫生、公共环境服务，文化、体育、教育服务，社会工作服务等领域。在体育领域内，北京市东城区、上海市、江苏省徐州市、广东省佛山市、深圳市龙岗区等已经开展了政府购买体育公共服务的实践。社会体育组织在政府购买公共服务中，与政府签订契约，共同提供体育公共服务[①]。浙江省是国内较早进行政府向社会体育组织购买体育公共服务实践的省份，在实践的过程中形成了政府向社会体育组织购买体育公共服务模式的形式——简单线型结构形式。简单线型结构形式是指政府向某一社会体育组织直接购买服务，这是政府向社会体育组织购买体育公共服务模式最初发展阶段的产物，也是一种普遍存在、具有适应性和可行性的形式。该形式是政府通过竞争和招标，直接向具有体育公共服务产品生产能力的社会体育组织购买项目或活动（见图 5 - 2）。

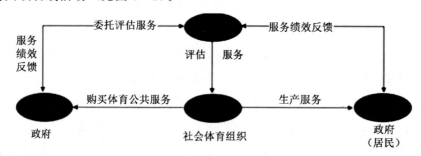

**图 5 - 2  政府向社会体育组织购买体育公共服务模式**

①  王占坤：《浙江省公共体育服务体系建设研究》，博士学位论文，福建师范大学体育学院，2015 年，第 152 页。

## （二）政府向社会体育组织购买体育公共服务模式的典型案例

### 案例一：嘉兴市体育局购买公共体育服务

嘉兴市体育局紧抓不放体育社团改革、政府购买服务改革两大改革，不断对体育工作进行改革。为了规范和推进体育领域内政府购买公共体育服务工作，嘉兴市在浙江省内率先出台了《嘉兴市体育局关于向社会力量购买公共体育服务实施办法（暂行）》，该办法明确指出，"购买体育公共服务的主体是嘉兴市体育局，承接主体是具备提供体育公共服务能力，且在民政部门登记成立或经国务院批准免于登记的社会组织"。该办法指出，"体育局向社会力量购买公共体育服务，主要内容涉及公益性体育赛事、活动、展览、培训、指导、展示、监测、统计等活动的组织与承办；组队参加省级以上体育赛事活动；业余训练项目布局；民族民间传统体育的保护、传承、展示；体育公共设施、户外营地的运行管理，体育公共健身器材的维修、维护和监管；体育公共场馆免费或低收费对外开放；民办体育场馆设施、民办体育机构免费或低收费开放服务，对外对港澳台体育交流活动配套服务；全民健身和公益性运动训练竞赛的宣传与推广等"。《办法》还明确，"市体育局主要采用公开招标、邀请招标、竞争性谈判、竞争性磋商和单一来源等方式确定承接主体，确立购买、委托、租赁、特许经营和战略合作等关系"。在 2016 年嘉兴市体育局通过政府采购形式向"嘉兴市足球协会""嘉兴市篮球协会""嘉兴市羽毛球运动协会""嘉兴市桥牌运动协会""嘉兴市门球运动协会"等社会体育组织购买体育公共服务。

### 案例二：平阳县采用政府购买体育公共服务形式举办群众体育竞赛

在 2015 年为了成功举办"2015 浙南闽北羽毛球团体邀请赛"，平阳县体育局事业发展局作为赛事主办方，采用政府购买体育公共服务形式委托平阳县羽毛球协会承办该赛事。平阳县羽毛球协会具有多年的大众赛事运营经验和资源，平阳县羽毛球协会针对该赛事策划出台了一整套的整合营销方案、宣传方案以及赛事运营模式，从而使得该赛事成功举办。在赛事举办过程中，平阳县体育局主要对平阳县羽毛球协会进行赛事指导、赛事协调、监管以及赛事承办效果评估工作。政府与社会体育组织各司其职，专业人办专业事，使得赛事成功举办，获得了巨大的社会效益以及经济利益。

**案例三：温州市向社会购买承办群众体育竞赛、少年儿童体育竞赛服务**

为了有效引导社会力量参与举办群众体育竞赛活动和少年儿童体育竞赛，温州市体育局推行了体育竞赛承办向社会力量购买服务的改革举措，对赛事举办地点、购买服务内容和标准、采购标准等都有明确细则规定。以 2016 年 5 月中旬进行的温州市少年儿童乒乓球（单项）比赛为例，温州市体育局对比赛期间场地需配备的保安、医生和救护车租赁费用，场地、器材租赁费，乒乓球采购费，秩序册、成绩册、证件等制作费以及宣传费用等都有详细预算，这吸引了具有专业办赛能力的社会体育组织积极参与承办。在 2016 年温州市一共有 11 项群众体育竞赛活动和 37 项少年儿童体育竞赛活动向社会体育组织等社会力量购买赛事承办服务。

## 二、社区与社会体育组织合作供给体育公共服务模式

### （一）社区与社会体育组织合作供给体育公共服务模式的形式

社区参与（community participation）是社区与社会体育组织合作供给体育公共服务模式的理论来源之一。社区参与强调社区成员参与解决社区问题。社区参与的主体可以划分为社区个体、社区组织、社区企业三类。从社区组织参与的角度来看，有社区非营利组织和志愿组织以及专业性社区组织，旨在通过组织参与提升社区生活品质。例如，当前在美国大小城市社区内，大约有 150 万个非营利组织和志愿组织，其总数约占美国各类组织的 6％，这些非营利组织和志愿组织积极从事包括社区体育服务在内

的社区服务工作①。当前，我国社会治理结构正在进行新的建构，"小政府、大社会"成为其建构目标。政府公共事务下沉至社区，从而使街道和社区逐渐成为社区自治和发展的主导力量，体育公共服务也成为基层社区提升社区居民福祉，需要大力供给的公共服务产品之一。为了有效地向社区居民提供体育公共服务，浙江省一些社区开始与社区内的社会体育组织进行合作供给体育公共服务，在实践中形成了社区与社会体育组织合作供给体育公共服务的模式。社区与社会体育组织合作供给体育公共服务模式的形式主要是社区街道办事处、社区居委会以给予经费支持，提供场地、设施、志愿人员等形式委托社区内的社会体育组织针对社区居民提供健身指导、社区综合运动会等体育公共服务产品。

**（二）社区与社会体育组织合作供给体育公共服务模式的典型案例**

**案例四：玉泉社区依靠基层社会体育组织发展成为五星级体育社区**

西湖区灵隐街道玉泉社区面积 0.29 平方千米，社区于 1999 年组建，是一个典型的景中村社区，常住人口约 1600 人。社区领导以社区创建为主线，拓展社区服务，依托社区基层社会体育组织开展多样化的社区体育服务。玉泉社区在 2013 年被评为杭州市五星级体育社区。目前，该社区共有 13 个基层社会体育组织，包含柔力球、拔河等社区特色体育协会组织。目前该社区共有一级社会体育指导员 3 人、二级社会体育指导员 4 人、三级社会体育指导员 5 人，还有两个兼职体育指导员。社区依托柔力球、拔河体育协会组建了柔力球队和拔河队两支特色体育活动项目。团队成立后经常参加市、区、街道等各级比赛，并多次获得奖项，为社区赢得了荣誉。社区柔力球队共有成员 21 人，参加过多次大型比赛，例如，首次参加 2011 年街道全民健身运动会就取得了第二名的好成绩。社区拔河队目前共有成员 10 人，作为玉泉社区的特色队伍，已经夺得不少比赛的好成绩。例如，西湖区第九届运动会拔河比赛第四名；他们多年来一直是

---

① 臧雷振：《美国、日本、新加坡社区参与模式的比较分析及启示与借鉴》，《社团管理研究》2011 年第 4 期。

灵隐街道拔河比赛第一名。同时社区委托社区基层社会体育组织在社区举办和参加街道比赛大小活动共 50 次，有青少年参加的体育知识竞赛、乒乓球比赛、象棋比赛，也有中年人、老年人参加的游泳比赛、羽毛球比赛，也有适合妇女锻炼的木兰剑、花式团体操等活动。从过去只举办中老年人参加的社区体育活动，发展为老年人、中年人和青少年三代参与的综合性体育社区。

图 5-3 玉泉社区拔河队获奖

图 5-4 玉泉社区柔力球队参与灵隐街道比赛

**案例五：朝晖街道依靠基层社会体育组织发展成为体育工作示范街道**

杭州市下城区朝晖街道，面积 3.03 平方千米，总人口约 8 万人，下设 12 个社区，辖区内交通便利，商贸云集，综合配套设施完善，是目前杭州市面积较大、人口较多的街道之一，2013 年被评为体育工作示范街道。该街道社区文化活动中心位于朝晖公园内，中心室内面积达 1200 平方米，设有百人会议室、棋艺活动室、书画室、图书室、电子阅览室、乒乓球活动室、多功能健身活动室等；室外有文化活动健身苑、人工湖等，这是下城区首个街道文化活动中心。在 2011 年朝晖街道内只有 2 个三星级体育社区；到 2012 年，发展到 5 个三星级体育社区和 2 个四星级体育社区；2013 年街道辖区内的 12 个社区已经全部被评为星级体育社区。目前，该街道有室外健身点共 35 个，各种体育活动队伍 60 余支，这些健身点和体育活动队伍均有基层社会体育组织常年进行指导服务。该街道近年来成立了气功、太极拳、气排球等特色体育项目队伍，依靠基层社会体育组织进行项目指导。同时街道也依靠基层社会体育组织举办运动健身节、社工体育活动、田径趣味运动会等群众性体育活动。

图 5-5  街道健身气功协会在进行健身气功培训

### 案例六：温州市"体育社团进社区"

2017 年温州市"体育社团进社区"启动仪式在温州市室内活动中心举行。温州市围棋协会、桥牌协会、自行车发展协会、保龄球运动协会等 20 家社团与 20 个社区签订协议，在今后每年开展体育健身公益活动。根据就近原则，20 家体育社团与其办公室所在地社区结对签约，每周开展两到三次体育培训、指导等健身活动。该活动在温州市创建国家运动健康城市的背景下举行，也是温州市第一次开展体育社团和社区集体结对活动。例如，温州市桥牌协会与绣山社区居委会结对，每周提供两次免费桥牌教学活动，让更多社区居民有机会学习这项益智运动。市保龄球运动协会与矮凳桥社区结对，向社区居民发放 1000 张共建卡，每周二、周四下午免费对社区居民开放。社区与体育社团共同发展社区体育，即由社区主办，各体育协会提供体育指导、活动组织、活动裁判等体育师资、教练员、裁判员资源，以社区居民为参与对象，带动社区体育发展。

图 5-6　街道多个基层社会体育组织与街道办事处联合举办街道社区综合运动会

## 三、社会体育组织与企业合作供给体育公共服务模式

### （一）社会体育组织与企业合作供给体育公共服务模式的形式

社会组织与企业进行合作，从其性质上来说属于跨部门合作，也就是指来自不同部门的组织试图共同解决涉及彼此利益的问题，且双方都愿意

为解决该问题合作付出努力①。对社会组织而言，社会组织与企业合作，往往是出于资源获取的考量，充足的资源是提供公共服务的前提保障，同时社会组织也可以学习营利组织成熟的组织管理理念、方式，促进组织自身的成长，为日后提供优质公共服务打下重要基础。从企业角度看，企业选择与社会组织合作，其动因归根结底在于企业社会责任的履行，企业希望通过履行社会责任，直接为民众提供公共产品和公共服务，维护和增进社会公共利益；树立良好的企业形象，提升企业知名度，增进民众福祉②。

　　社会体育组织与企业合作供给体育公共服务是指发生在社会体育组织与企业之间的，两者为提供体育公共服务共同进行不以营利为目的的互动性合作。从跨部门联盟理论视角来看，社会体育组织与企业合作供给体育公共服务实质上是一种具有非经济目标的公益性跨部门联盟。社会体育组织由于自身资源的局限性，往往难以满足社会公众日益增长的体育公共服务需求，于是社会体育组织和企业超越部门的界限，结成实现资源、知识、能力等共享的伙伴关系，进而实现资源的优势互补，以达成为社会公众提供体育公共服务的目的。同时，社会体育组织也可以通过向企业学习先进的商业理念及商业模式，并将其运用于自身管理中从而提高工作效率，促进企业更快更好的发展，进而提升体育公共服务的供给能力。在浙江省，当前社会体育组织与企业跨部门合作的主要表现形式有以下几方面。一是企业对社会体育组织进行资金赞助，主要是对社会体育组织供给体育公共服务提供一定的资金赞助；二是企业向社会体育组织提供产品和技术支持，比如一些体育用品生产商与社会体育组织合作时，捐赠企业生产的运动鞋、运动器材及运动服装等产品，而这些产品主要用于体育公共服务；三是企业对社会体育组织开展公益体育活动提供场地以及技术支

---

① 刘朋君：《非营利组织与企业跨部门合作的模式选择与风险控制》，硕士学位论文，南京理工大学管理学院，2014年，第23页。

② 王颖：《公共服务多元化视角下社会组织与企业合作的影响因素研究——基于上海市公益服务型社会组织的多案例调查》，硕士学位论文，华东理工大学管理学院，2015年，第11页。

持；四是企业与社会体育组织合作，共同致力于开发产品，或者共同开展体育社会公益活动。

**（二）社会体育组织与企业合作供给体育公共服务模式的典型案例**

**案例七：浙江省足球协会与企业合作**

考虑到以政府财政拨款为主要经费来源的政府主导型体育社团在面对政府缩减财政支出的情况下，如何利用自身的优势与市场进行联盟，增加资金来源途径，实现体育产品的生产。基于此，本书选取浙江省足球协会与众多企业的合作案例进行分析。

一、浙江省足球协会的介绍

浙江省足球协会（Zhejiang Football Association），简称浙江足协（ZFA）。根据国家、浙江省体育方针、政策和中国足球协会章程及有关规定，浙江足协统一组织、管理和指导浙江省足球运动发展，推动足球运动普及和提高，代表浙江参与全国足球比赛及其他活动，并通过必要活动，为足球运动项目的发展筹集资金。浙江足协是浙江省境内从事足球运动的单位和个人自愿结成的唯一的全省性的非营利性社会团体法人，接受中国足协、浙江省体育局、浙江省体育总会和浙江省民政厅的业务指导与监督管理。浙江足协是中国足协的会员协会，是浙江省体育总会的单位会员。

（一）协会宗旨

以党的基本路线为指导，遵守中华人民共和国宪法、法律法规和国家政策，遵守社会道德风尚；遵守浙江省政府关于体育工作规定和中国足球协会章程；团结全省足球工作者，广泛开展足球运动，大力发展足球事业，为增强人民体质、丰富群众业余文化生活、提高足球运动水平和加强社会精神文明建设服务；加强各会员之间的联系与交流，努力完善浙江省足球管理体制和运行机制，促进各会员协会、职业足球俱乐部及其他足球组织管理水平的提高；积极参加中国足球协会举办的正式比赛和足球活动，促进国际、国内交流，增进与各个省市和地区足球协会、俱乐部和运动员、足球工作者之间的友谊。

（二）协会性质

浙江足协是浙江省境内从事足球运动的单位和个人自愿结成的唯一的全省性的非营利性社会团体法人；浙江足协接受中国足协、浙江省体育局、浙江省体育总会和浙江省民政厅的业务指导与监督管理；浙江足协是中国足协的会员协会，是浙江省体育总会的单位会员。

（三）经费来源

浙江省足球协会主要经费来源：①会费、注册费、转会费；②捐赠；③财政补助收入；④比赛收入；⑤门票分成收入；⑥广告赞助收入；⑦体育技术服务收入；⑧其他合法收入。

（四）浙江省足球协会与企业合作情况介绍

2016年5月9日，浙江格罗堡体育策划有限公司与浙江省足协签订5年合约，出资千万元成为浙超联赛组委会唯一授权的商务开发管理公司，负责运营浙超联赛。从浙江足协与浙江格罗堡体育策划有限公司合作的案例中可以看出，浙江省社会体育组织与企业合作的形式是多样的，包括企业向足协提供的资金赞助、物质装备，帮助向中国足协引进国外先进的教学管理技术及共同开展公益活动等。

## 第三节 浙江省社会体育组织供给体育公共服务的现有模式的评价及发展趋势

### 一、政府向社会体育组织购买体育公共服务模式的评价及发展趋势

#### （一）政府向社会体育组织购买体育公共服务模式的优势分析

第一，当前政府购买体育公共服务成为一种普遍的现象，政府向社会体育组织购买体育公共服务模式有存在的可能。体育公共服务供给的主体不仅包括政府和体育行政部门，还包括准政府组织、非政府组织体育社团、体育基金会、民办非企业体育单位、企业、个人等，但长期以来，我国体育行政部门一直是我国体育公共服务供给的绝对主体。在社会体育公

共需求不断增长的情况下，这种"政府包办"的单一中心体育公共服务供给已不能满足多样化与多层次的体育公共服务需求。政府为了更好的适应市场经济社会的发展，开始将一部分公共服务和管理职能通过寻找合作载体来承担。社会体育组织自身的公益特性成为政府与其成立契约合作的关键。

第二，政府向社会体育组织购买体育公共服务的模式改变了传统的体育公共服务与管理的模式，新的模式可以节省政府的管理成本。政府将提供体育公共服务和管理的职能转移给了社会体育组织，只需对社会体育组织进行"监督"和"控制"就可以实现体育公共服务和管理的职能，这样节省了服务和管理的成本。

第三，政府向社会体育组织购买体育公共服务模式可以提高服务质量。政府选择合作伙伴时，一定会选择服务内容、服务范围、服务价格、服务质量符合自己要求的社会体育组织。在与政府签订合作契约后，社会体育组织必须提供高质量服务及专业的服务水平。

第四，政府向社会体育组织购买体育公共服务模式可以解决资金来源单一的问题，加快社会体育组织的发展。改革开放以来，社会结构从政府、单位、社会三位一体的总体性社会格局向政府、市场、社会相互分离的多元社会格局转变。相对于经济结构而言，社会结构变动处于滞后状态，经济社会发展不平衡、不协调，社会结构不合理、不平衡，政府处于较强势的地位，市场机制不够健全，社会组织发展缓慢，事业单位处境尴尬。长期以来，公共服务由政府及其事业单位提供，社会组织没有用武之地，加上缺乏资金支持，制约了社会组织发展；同时，事业单位职责不清，既履行行政职能，又兼具公益组织职能，还有一定的市场主体功能。政府购买体育公共服务将原来由政府直接生产的体育公共服务交由社会体育组织生产，由政府向社会体育组织支付公共服务费用，扩大了社会体育组织的生存空间和资金来源，将会催生大量社会体育组织并促进社会组织发展壮大。就现实而言，社会体育组织在与政府合作的过程中，一方面可以得到政府对实现提供体育公共服务与管理职能所需要的资金，社会体育组织在使用资助资金完成体育公共服务于管理职能之余，也可以使用剩余资金发展本组织自身的建设，这也是为了以后更好的实现体育公共服务与管理职能的前提。另一方面，社会体育组织可以在与政府合作的过程中，利用体育公共服务的公益性，得到更多的社会、企业和个人的捐助，这也为社会体育组织解决了资金筹集难、资金来源单一的难题。

第五，政府向社会体育组织购买体育公共服务模式可以满足公众对体育需求多样化的要求，提高公众的满意度。在传统的体育公共服务供给与管理模式中，政府作为提供体育公共服务职能的主体，对公共体育服务的供给只是基于政府的偏好提供政府可以生产的体育产品，在一定程度上忽略了公众对体育公共服务的需求，而在社会体育组织与政府合作模式中，政府通过向社会体育组织购买服务的形式，社会体育组织就可以根据民众对体育公共需求的要求，向公众提供政府不能满足的体育公共需求。

（二）政府向社会体育组织购买体育公共服务模式的劣势分析

第一，受传统体育公共服务与管理职能模式的影响，政府部门的管理理念很难真正改变。在传统模式下，提供公共服务与管理的主要部门是政府，政府具有体育公共服务与管理的职能。政府部门已经习惯了直接提供体育公共服务，虽然政府与社会体育组织合作，将体育公共服务与管理职能转移给社会体育组织是现在体育公共服务发展的必然选择，但是长期受传统模式的影响，政府很难一下改变管理理念，对社会体育组织承担的项目很难完全放手，导致社会体育组织在合作过程中，很难真正实现体育公共服务与管理的职能分离。

第二，政府向社会体育组织购买体育公共服务模式中，能够承接政府服务订单的社会体育组织必须是有一定整体实力，能够提供专业服务水平的组织，这就对那些实力较弱的社会体育组织形成一种进入限制。

第三，在政府向社会体育组织购买体育公共服务模式中，容易出现社会体育组织过度依赖政府的问题。由于在合作中，政府对社会体育组织提供大量的资金，而社会体育组织通过社会渠道和市场运作途径得到的资金很少，所以社会体育组织很容易过度依赖政府。

第四，政府向社会体育组织购买体育公共服务模式，缺乏必要的监督和评估机制。社会体育组织既然是利用社会资源为公众提供服务，理所应当考虑经济上的合理性，也必须规定工作绩效及衡量标准。社会体育组织与政府的合作，不能仅仅以完成合作项目为最终目标。在结束合作项目之后，还必须对其结果及过程进行评估，不仅要看合作双方的预定目标有没有实现，还要看在合作中有没有立足于社会组织宗旨实现有效经营和社会组织的捐款数额、会员人数及公众对组织的满意度。在对双方合作进行评估时，为了公平，可以引入第三方组织进行评估工作。

### （三）政府向社会体育组织购买体育公共服务模式的发展趋势

第一，在浙江省，政府向社会体育组织购买体育公共服务模式的实践仅有几年的时间，因而该模式尚处于实施的导入期，实施的地区范围大多分布于杭州、温州、嘉兴等城市，未来该模式实施区域将由点到面呈现扩大的趋势，同时其实施区域也将由城市向城镇、乡村扩展。

第二，政府向社会体育组织购买体育公共服务模式的形式是简单线型结构形式，是指政府向某一社会体育组织直接购买服务的初级发展阶段产物。由此我们认为，随着实践的不断推行，政府向社会体育组织购买体育公共服务模式本身也将发展和进化，将会形成服务链结构形式，该结构形式较之简单线型结构形式，其先进性和复杂性在于：一是由政府与单一社会体育组织形成的供需双主体结构，转化为由独立评估方、公众等多元主体结构。二是由供-需线性关系变成需求调查—需求发布—竞标供给—效果评估—服务反馈的链式结构。

第三，针对政府向社会体育组织购买体育公共服务模式的形式是简单线型结构形式，其未来发展和进化的重点在于建立和完善配套的制度体系，包括建立政府购买公共服务所需要的配套制度，选定项目、公开招标、资质认定、招标管理、过程管理、社会监督、绩效考核、结算兑现，都是最基本的流程。"购买"只是其中的一个环节，在购买主体、购买范围、承接对象、监督兑现等都应有系统和规范的制度保障。应建立科学的政府购买服务的定价机制，建立公众评价机制，引进第三方独立监督机制。

## 二、社区与社会体育组织合作供给体育公共服务模式的评价及发展趋势

### (一) 社区与社会体育组织合作供给体育公共服务模式的优势分析

一方面，社区是大众体育发展的主要阵地，通过社区向社会公众（居民）供给体育公共服务能够保证最大限度地覆盖服务人口。社区向社会公众（居民）供给体育公共服务可以由上级政府直接或通过购买体育公共服务等形式进行供给，也可以由社区所在的基层社区体育组织针对本社区居民进行全部供给或部分供给。从按需供给的角度而言，后者显然更具有优势。

另一方面，社区与社会体育组织合作供给体育公共服务模式由于社会体育组织本地化、志愿服务普遍化、社区体育设施（如社区学校体育设施）本地化，以及社区与本社区的社会体育组织更易沟通，能够使供给体育公共服务的成本更为低廉，体育公共服务更加多样化和个性化，这也是社区与社会体育组织合作供给体育公共服务模式的优势。

### (二) 社区与社会体育组织合作供给体育公共服务模式的劣势分析

第一，实地调查和走访了解到当前浙江省的社区与社会体育组织合作供给体育公共服务模式尚未建立和完善配套的制度体系，特别是社区与社区内的社会体育组织存在天然的命运共同体关系，但是这种关系掩盖了社会体育组织的自身利益诉求，由此需要制度来对社会体育组织的利益加以保障。

第二，社区与社会体育组织合作供给体育公共服务模式中的一个主体——社会体育组织大多属于基层社会体育组织甚至是草根社会体育组织，其专业性难以保证，同时草根社会体育组织因其自身的存在合法性尚未通过登记或备案来加以保障，因而社区与这类社会体育组织合作，如果涉及购买或招标等，因其不具有独立社会组织的法理地位，往往难以进行资金支付。

第三，由于社区发展水平、社区改革进程以及社区所拥有的权利和资源的不同，社区与社会体育组织合作供给体育公共服务模式目前还是在浙江省城市社区进行实践，农村社区较少实行。

**（三）社区与社会体育组织合作供给体育公共服务模式的发展趋势**

第一，未来我国社会发展将会步入到"公民社会"，在公民社会里社区自治将成为一种普遍的基层社会治理结构，社区将会拥有更多的自治权利和资源用以发展社区并为社区居民谋求更多的福祉。基于此，社区与社会体育组织合作供给体育公共服务模式不会消亡，反而会逐渐扩大。

第二，社区与社会体育组织合作供给体育公共服务模式在浙江省将会扩大实践范围，即由城市社区向乡村社区发展，由先进社区向落后社区发展。

第三，为保障社区与社会体育组织合作供给体育公共服务模式的效能发挥，将会建立和完善配套的制度体系。

## 三、社会体育组织与企业合作供给体育公共服务模式的评价

**（一）社会体育组织与企业合作供给体育公共服务模式的优势分析**

第一，在社会体育组织与企业合作供给体育公共服务模式中，企业可以利用社会体育组织的特殊的公益性质，借助社会体育组织在公众心目中的地位，宣传企业的产品、提高企业的知名度，从而提升自身的企业文化建设，获取更多的企业利润。卢汉龙在上海企业捐赠社会公益研究报告中指出："在调查成功的503家企业中，465家（占92%）自成立以来有过对社会捐赠行为。同时，335家（占66%）企业在1999年进行过捐赠，占全部研究对象的2/3，在335家企业中，有32%的企业直接赞助公益活动和公益项目（如八运会、艺术节等）；503家受访的71.2%家企业表示今后对社会公益事业进行捐赠。"

第二，在社会体育组织与企业合作供给体育公共服务模式中，社会体育组织可以与企业合作，一方面可以向企业学习成熟的经营管理、绩效评

估、财务管理、人力资源管理等经验。另一方面，社会体育组织可以获得更多的经费和捐赠缓解资源紧张的状况，借用专业资本运作手段实现自己的理想。

第三，在社会体育组织与企业合作供给体育公共服务模式中，社会体育组织会面临越来越多的进入社会服务领域的企业的竞争，这就迫使社会体育组织不断向企业学习，增加危机意识，提高其提供公共服务的能力。

第四，国家在政策上对社会体育组织筹集资金给予支持，《体育法》第四十二条规定："国家鼓励企业事业组织和社会团体自筹资金发展体育事业鼓励组织和个人对体育事业的捐赠和赞助。"与企业建立联盟是社会体育组织资金筹集来源的一种新的尝试。

**（二）社会体育组织与企业合作供给体育公共服务模式的劣势分析**

第一，在社会体育组织与企业合作供给体育公共服务模式中，企业参与公益事业的情况取决于企业自身的经济发展状况，具有不稳定性和局限性，企业毕竟是以利润为目的的，所以在合作过程中公益活动的开展就会受到一定的限制。

第二，在社会体育组织与企业合作供给体育公共服务模式中，企业和社会体育组织属于不同性质的社会组织。社会体育组织重要的特征之一就是公益性，在选择合作企业的时候，因为没有一定的选择标准或者规范程序进行双向选择，所以容易出现公益性质被削弱的问题。

**（三）社会体育组织与企业合作供给体育公共服务模式的发展趋势**

第一，社会体育组织与企业合作供给体育公共服务模式因其利用社会力量供给体育公共服务的本质特性，因而在未来该模式的实践范围将会扩大。

第二，社会体育组织与企业合作供给体育公共服务模式需要建立和完善配套制度体系，特别是企业捐赠的慈善税收减免法规政策。

# 第六章 国外社会体育组织供给体育公共服务的制度环境构建及其模式选择

## 第一节 国外社会体育组织供给体育公共服务的制度环境构建的启示及其典型实例

### 一、国外社会体育组织供给体育公共服务的制度环境

国外发达国家社会体育组织发展迅速，比较成熟，离不开所处的社会制度环境，法律制度、社会保障机制，社会体育组织的登记管理制度、监督制度等在社会体育组织的成长中扮演着关键的作用。良好的制度环境会促进社会体育组织的良性发展，会提升社会体育组织提供体育公共服务的能力。

#### （一）国外社会体育组织的相关法律法规

为了提高国民身体素质、提升国家人力资本总量，美国联邦政府长期以来实施了一系列的国民健康促进政策。美国联邦政府早在 1980 年就开始进行有关国民健康的顶层设计，其突出表现是在 1980 年开始实施多部门联合推进的"健康公民"计划，该计划一直延续实施，至 2009 年 12 月颁布的《健康公民 2020》，累计共颁布了 4 部健康公民计划。在"健康公民"计划中，体育一直以来都是促进国民健康的重要手段。除此之外，美国联邦政府以及各州政府还推出了其他多项旨在推进国民健康的体育计划，如在 2001 年以大众为对象的《大众体育计划》，该计划的实施主体明确规定为社会体育组织。又如 2008 年美国政府依据美国公民的年龄以及人群体质健康特征推出了《美国人体育活动指南》，从而有效指导了美国

各个年龄段和不同健康状态的人群科学锻炼。美国部分州依据本州情况，推出了州立全民健身计划，这些全民健身计划与我国的全民健身计划相似，针对民众的健康问题提出了管理体制、实施机制、规划目标、保障手段及措施等。由此，美国已经形成了功能完备、体系架构完整的体育公共服务政策体系。在该体系的规制、监管和引导下，政府、社会体育组织以及社会公众等主体进行行为协同和耦合共同促进国民健康①。需要指出的是，美国的社会体育组织也进行相关法律法规的制定工作，例如在 2005 年 2 月 9 日，美国休闲社团组织把《2005 美国户外休闲政策法案》递交给总统和主要议员，其目的是让政府关注公共土地和水资源，重点强调休闲活动对个人和民族健康的意义，身体和精神健康与经济和环境健康同样重要。《2005 美国户外休闲政策法案》本身并没有对美国休闲政策和计划做太大变化，但它加强了对联邦国土休闲活动的重视程度。该《法案》有三个目标：第一，宣布联邦政府管辖的土地和水资源管理及使用的国家政策，为美国公众提供高质量丰富多彩的休闲机会，提高公众的健康和福利，让公众能欣赏更多的自然资源环境。第二，指导内政部秘书处在 12 个月内成立一个协调机构，明确全国休闲战略的法定地位，提高和促进国有土地和水资源休闲机会的多样化，提出了提高公众参与休闲机会的数量和质量的合理方法。第三，建立联邦休闲中介协调委员会，协调各州等地方官员和其他休闲产业人士的建议，协调好国家休闲战略的政策和计划制定以及实施②。

　　二战后的日本极为重视国民健康，由此积极促进大众体育发展，日本是亚洲中最早出台国家层面体育法规的国家，早在 1961 年日本就颁布了《体育振兴法》。《体育振兴法》作为促进日本体育事业发展特别是大众体育事业发展的专门法律法规，提出了振兴日本体育的目标，为达成这一目标，号召政府主体、社会体育组织等民间主体以及参与体育活动的社会公

---

　　① 王占坤：《浙江省公共体育服务体系建设研究》，博士学位论文，福建师范大学体育学院，2015 年，第 118 页。

　　② 郝海亭：《2005 美国户外休闲政策法案》，《体育科研》2006 年第 2 期。

民等积极联合、共同发挥作用。在 2011 年，日本依据现实情况变化将《体育振兴法》修订为《体育基本法》，该法是当前日本制定各类体育政策、引导体育事业发展、促进体育工作计划落实的依据。

德国有关社会公众的体育主要是以体育俱乐部的形式来加以组织实施的。德国目前拥有的体育俱乐部约占国民总量的 50%，这些体育俱乐部从法理上来说是属于"注册协会"性质的社会团体组织。根据德国规范引导社会团体组织发展的《协会法》，"注册协会"是具有法人地位的协会，具有独立的法律行为能力，其突出的特征就是非营利性，也就是说德国的体育俱乐部需要其数量众多的俱乐部会员缴纳会费以及通过聘用兼职人员、招募志愿人员来维持俱乐部的正常运转。这些俱乐部虽然级别与规模不尽相同，但是对德国的体育事业而言，俱乐部是德国体育公共服务体系中重要的供给主体[①]。

英国作为率先进入资本主义的发达国家，除经济外，英国在法律领域也具有令世人惊叹的突出成就。就体育而言，英国主要是采取直接立法干预的形式促进体育发展。在 1975 年制定的《体育场地安全法案》中，要求修建大型体育场必须获得政府执照。2000 年议会通过的《文化和娱乐法案》，此法案将办理执照机构改为体育场地安全机构，新机构保留复审场地安全的权力。1997 年工党上台执政，将体育作为公共政策的重要工具推上了政治议程，将彩票基金和财政拨款作为杠杆。英国体育理事会和各地体育理事会是由英国政府授权执行体育政策法规的体育组织，并且共同负责财政拨款与分配体育彩票基金。1960 年《体育与社区》报告建议政府组建体育发展委员会，并扩大同民办体育俱乐部的合作。1972 年《体育供给计划》，树立了未来十年体育发展目标。英国体育政策制定总体流程一致，在细节上略有不同，地方政策主要是保证其直辖区内俱乐部有平等参与体育的权力。英国政策以社区为核心，周期长，决策民主、实用

---

① 刘波：《德国体育体制研究对进一步完善我国体育体制的启示》，《北京体育大学学报》2011 年第 4 期。

性强、标准化水平高①。英国体育政策的制定遵循现实导向和问题导向，对于很多国家的体育政策特别是规制社会体育组织供给体育公共服务的法律法规制定具有启发价值及意义。

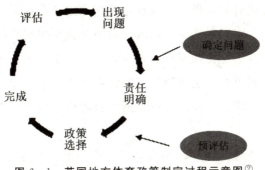

**图 6-1 英国地方体育政策制定过程示意图②**

### （二）国外社会体育组织资格认定

虽然国外社会体育组织采取的形式各不相同，但是必须有相应的宗旨和内部管理制度。各国对非营利组织资格认定的法律制度不限制组织形式。体育非营利组织要获得非营利资格的认定，最普遍的两种形式是法人组织和非法人组织。法人组织是区别其成员的个体意志和利益，享有独立的法律人格，拥有独立的财产和利益，并独立承担民事责任的组织。非营利公司是不以利润分配为最终目的，以公司的资产承担责任，由政府正式授予法人地位的实体。社团法人是指为了追求共同的目标而组合在一起的一群人，以会员制形式成立，由理事会管理，通过制定规则或章程进行组织管理。这样的组合只要符合一定的法律形式，就可以获得法人地位（个人以及组织）。非法人组织形式不设法人，仅涉及个人，由个人承担组织的债务。非法人组织无须注册，也不受特殊制约。在很多发达国家，承认

① 王志威：《英国体育政策的发展及启示》，《上海体育学院学报》2012 年第 1 期。

② 整理改编自：Kevin Hylton, Peter Bramham, Kevin Hylton, et al. Sport Policy Addressing Inequality, Chapter 4 Developing Sport for All? Addressing Inequality in Sport. Sports Development: Policy, Process and Practice. Routledge, 2007: 70—71.

了以非法人组织形式设立的非营利组织的法律地位。社团法人是指为了追求共同的目标而组合在一起的一群人，以会员制形式成立，由理事会管理，通过制定规则或章程进行组织管理。这样的组合只要符合一定的法律形式，就可以获得法人地位。通常在普通法系国家，设立一个社团协会组织并不一定需要政府的许可，所以在这些国家把这一类型的组织也视为非法人组织。非法人组织形式不设法人，仅由个人承担组织的债务。非法人组织无须注册，也不受特殊制约。在很多发达国家，承认了以非法人组织形式设立的非营利组织的法律地位。通常在普通法系国家，设立一个社团协会组织并不一定需要政府的许可，所以这些国家把这一类型的组织也视为非法人组织。

英国《1993年慈善法》第96条规定，作为不具有法人资格或资质的慈善组织为了实现慈善目的，可以将其所拥有的财产等向其他具有资质从事某类专业慈善服务的法人组织进行转让、变革等产权转移，受赠的慈善法人组织依据法律规定对这些财产进行有效使用。《1901年非营利社团法》作为法国首部有关非营利社团组织的专门法规，其第2条规定，非营利性社团可以自由设立，而不需要向政府组织进行核准、备案等。但是，除该法规定的特殊情形外，社团不享有法律地位。波兰《社团法》称，不具有法人资格的社团为简易社团，在第40条规定，简易社团是社团的简化形式，不具有法人资格。简易社团的法律主体资格不被承认，社团不得设立分支机构、参加社团联盟、接纳法人成员、从事经济活动，也不得接受捐赠、遗产，或使用公众资助，其活动资金来自成员出资（见表6-1）。

表6-1　部分国家社会组织的法律认定条款

| 国家 | 法律法规 | 规定内容 |
|---|---|---|
| 英国 | 《1993年慈善法》 | 非法人慈善组织有权向其他慈善组织转让全部财产、变更非法人慈善组织的目的、依法使用获捐赠的资金等。 |
| 法国 | 《1901年非营利社团法》 | 社团可以自由设立，无须核准或者实现宣告。但是，除该法规定的特殊情形外，该社团不得享有法律地位。 |
| 波兰 | 《社团法》 | 简易社团是社团的简化形式，不具有法人资格。简易社团的法律主体资格不被承认，社团不得设立分支机构、参加社团联盟、接纳法人成员、从事经济活动，也不得接受捐赠、遗产，接收公众赠予或使用公众资助，其活动资金来自成员出资 |

对国外社会体育组织发展进程进行梳理和研究，我们可以发现国外社会体育组织的显著特点之一就是其采取的形式各不相同，但必须有相应的宗旨和内部管理制度，这些通过组织正式的章程体现出来。社会体育组织所秉持的发展宗旨是其作为非营利性组织所具有的典型化标志物。通过梳理，我们发现国外社会体育组织的发展宗旨不外乎以下几点：一是非政府性，是国外社会体育组织的重要属性之一，强调社会体育组织来源于公民社会，是具有共同的体育兴趣、爱好、志愿、追求的社会公民自愿发起、建立的社会组织，代表社会公民的利益与诉求，因而它不是政府机构，更不是行使政府职能的组织化的工具。二是非营利性，国外社会体育组织的发展目的是促进组织成员以及社会公众更好的参与体育，满足他们的各种体育需求，因此社会体育组织进行的各种组织行为应当是不以组织自身牟利为诉求。从扩大社会公益的角度来看，社会体育组织有可能依托市场机制进行营利性的组织行为，但这种行为获得的盈利仅仅是为了能够更好地获取资源服务组织成员以及社会公众。三是志愿性，是指组织的成立及成员参与都是基于自愿。其志愿性包含组织的志愿性、服务的志愿性、活动的志愿性。四是自治性，是指社会体育组织作为公民社会的有机构成部分，也是社会治理体系的一个重要主体，因而它必须要具有完善的内部治理结构以及体制、机制从而使组织能够独立自主地进行决策、行动和管理，而不是依附于政府或其他组织。五是公益性或互益性，我们可以认为公益性或互益性是社会体育组织的根本宗旨之一，社会体育组织就其实质而言是因政府所供给的体育公共服务无法满足组织成员或组织服务的社会公众的需求，因而组织成员通过各种志愿行为来供给体育公共服务。

### （三）国外社会体育组织登记管理

社会体育组织有合法和非法之分，非法的社会组织，在很多情况下无法在社会上正常运转，更无法享受来自政府的优惠政策。因此，合法性是大多数社会体育组织要应对的实际问题。社会体育组织的承载及其合法性来自公民的结社自由，这不等于所有的社会体育组织都具有合法性。国外社会体育组织获得合法性，取得法人资格与优惠纳税待遇有以下几种方式：①社会公民具有结社权利，社会体育组织是社会公民结社行为的产物，建立社会体育组织不需要政府许可，只要社会体育组织自身符合法律法规的要求，并且其行为不会招致他人的异议，则可以认作是合法的社会组织。在西方发达国家，成立社会体育组织不需要任何许可，政府对社会体育组织采取无为而治的态度。只有社会体育组织等非营利组织向政府申请税收优惠或政策优惠的时候，政府的相关机构才会对社会体育组织的免税资格进行审查。②遵守登记原则的资格准入制度，是指成立社会体育组织要得到政府相关部门批准和在政府相关部门登记，并证明已具备条件，不具备条件的组织无法得到成立许可，没有在政府相关部门登记的非营利组织被视为非法组织。③混合形式的合法化方式，在一些发达国家既存在社会体育组织许可准入制度，也有对社会体育组织的免税认证制度，这些国家对普通非营利组织采取放任态度，结社自由得以保障，与此同时，针对一些特殊的非营利组织，如政治、医疗、教育、公益服务等关系到民生及社会稳定的领域，则采取一定程度的制约。

**（四）国外社会体育组织的税收优惠政策**

国外发达国家对社会体育组织的税收采取分类管理，不同类型的社会组织有不同的税收政策，不同性质的社会组织享有不同程度的税收优惠。既能鼓励社会体育组织的发展，同时也能保障国家税收，防止社会体育组织借"非营利"之名牟取私利。美国联邦法典第 26 卷《国内税收法典》第 501 条规定了 25 种类型的机构可以免联邦所得税，社会体育组织适用第 501 条 C 3 款中"促进国内与国际体育事业的组织"这一项。联邦所得税法中所指的"免税"或"免税地位"并不是免除一切所得税，对不相关的商业收入、私人基金组织的净投资收入、社会俱乐部非成员收入等是要征收所得税的。在大多数情况下，州法律在免税方面参照联邦法律。

德国非营利组织免税是由当地税务局批准，社会体育组织因符合"支持青年活动、老年活动、公众健康、福利和业余体育运动"的公益目标而享受税法通则规定的免税资格。具有公益目标资格的非营利组织一般可以免除法人所得税。非营利组织在继承遗产后，它们的免税待遇可持续 10

年，还可免除遗产税和捐赠税。

日本社会体育组织适用于公益团体的税收政策，日本法律规定，对从事公益活动的社会组织给予优惠待遇，对公益团体免征团体所得税[①]。在日本，向社会体育组织捐款，属于对增进公益的专门团体进行捐款，适用于所得税法中公益捐款的条例，个人捐款者可从应纳税所得额中扣除捐款。

在法国，社会体育组织属于社会福利教育文化和运动组织的可免增值税，对体育非营利组织捐赠，纳税人可享有相应税收优惠政策，个人捐款，捐赠款的40％可抵付税款。公司捐赠给非营利组织协会或公共组织基金会总额达到年营业额0.3％的公司可以享受税收减免。

**（五）国外社会体育组织的监督机制**

社会体育组织要获取政府财政支持、获得社会资助和维持免税地位，必须以良好的组织声誉和较高的公信力作为前提。成熟的监管制度是提高社会体育组织公信力的关键。国际上比较主流的社会组织监管体系都是从政府、社会、行业内部三大主体的角度对非营利组织进行监督。

第一，政府监管手段。政府对社会体育组织的监管措施是相对多样化的。既有报告制度、审计制度、信息披露制度等非现场检查手段，也有抽查监督、实地检查等现场检查手段。

第二，社会监管手段。对于社会体育组织来说，社会监督是一种非正式的监督，操作成本低、社会效益好，具有正式监督机制所不具备的优势。社会监管主要包括信息披露制度、捐赠者监督和舆论监督等手段。

第三，行业监管手段。行业监督是一种建立在社会体育组织自律基础上的互律行为，可上升为行业自律。就现实而言，制定行业标准、评估和认证是行业监管的重要手段。有的国家由政府机关进行认证，有的国家借助独立第三方认证。认证制度是同业互律的重要形式。因此，从国外对社会体育组织监督机制看，监督机制并没有对社会体育组织的发展形成制约

---

① 魏大勇：《论我国非营利组织的法律规制》，硕士学位论文，对外经济贸易大学管理学院，2005年，第19页。

和影响，反而对社会体育组织而言是一种有效的规范化的促进手段。为促进我国社会体育组织发展，推动社会体育组织供给体育公共服务，需要迫切的建立起有关的监督体制与机制。

由于西方国家经济发达，社会文明程度高，法律制度完善，对大众体育组织已经形成比较完善的组织监督机制。社会体育组织要获得政府财政支持、获得社会资助和维持免税地位，必须以良好的组织声誉和较高的公信力作为前提。成熟的监管制度是提高非营利组织公信力的关键。国际上比较主流的社会组织监管体系都是从政府、社会、行业内部三大主体的角度对非营利组织进行监督。

例如，德国监督机制是通过政府的追罚和奖励实现对社会体育组织的监管，政府不干预社会体育组织内部事务，只对组织的财务和执行情况监督和检查。对违反法律的非营利组织由司法部门负责处罚，对于贡献突出的非营利组织给予物质或者精神奖励①。对大众体育俱乐部的监督形成完整的体系，地方委员会、理事会负责监督俱乐部运营，捐献者和俱乐部成员也可以对体育俱乐部进行监督以达到对自身权益和利益的维护。日本非营利组织受到日本政府部门的监督。首先1998年日本颁布的《特定非营利活动促进法》，规定非营利组织每年须向主管机关提交事业报告书、董事名簿以及章程等，如果连续3年不提交则被取消认证资格。如果主管机关认为组织法人有违反法令的行为，可以要求该组织进行财产状况报告，进行现场检查账簿。此外，日本政府重视引入社会监督机制，公开非营利组织信息，公众可以进行为期两个月的公开查阅，社会体育组织受到关注的同时，不得不规范自身的行为②。英国在1860年成立慈善委员会，慈善委员会是一个独立的部门，负责监督慈善组织的失职行为。社会体育组织每年要向慈善委员会上交书面报告，针对体育非营利组织的财务情况有

---

① 李勇：《德国非营利组织考察报告》，2012年5月23日，见 http://www.chinanpo.gov.cn/1632/19851/nextindex.html。

② 王铁：《日本民间非营利组织：法律框架、制度改革和发展趋势》，2012年3月20日，见 http://zyac.Mca.gov.cn/article/11yj/201203/20120300292523.shtml。

着一系列严密的监督体系。审计法、会计法对其有明确规定，监督盈余分配、支出比例、行政开支比重、账目公开等，形成了对体育非营利组织完整的监督制度，保障其合法、合理运作。除了来自慈善委员会的监督，英国公民只要交纳少量费用，即可对体育非营利组织的财务报告进行查阅和监督①。

### （六）国外对社会体育组织的管理体制

一个国家的体育管理体制的形成与发展必然会受到多种因素的影响和制约。各个国家由于自身国情不同，从而导致他们选择了不同的体育管理体制。我们对这些体育管理体制进行辨析，可以发现在管理体制中具有两个共同的管理主体：一个主体是政府，另一个主体是社会体育组织。两个主体依据自身的资源以及功能定位在体育管理事务中发挥着不同的作用。根据政府与社会体育组织之间的关系与分工，国外体育的管理体制可分为政府管理型、结合型、社会管理型三种类型。目前世界上几乎所有国家政府在体育管理中都发挥一定的作用，只是作用的程度和作用的方式有所区别，体育管理类型的划分只是相对的（见表6-2）。例如，美国作为联邦制国家，州政府具有很大的自治权限，美国在国家层面并没有专门的体育管理行政机构对全国的体育事务进行垂直管理和规范。与之相对应的是社会体育组织和私人部门在体育事务管理中扮演着重要角色。美国大众体育管理体制属于社团自治。各类组织体系比较完善，其中许多协会都有地方分会，各协会下属有大量的俱乐部作为组织支撑，下属的俱乐部承担政府委托或购买的大众体育事务性工作。协会内部的治理机制主要是民主管理，依托协会自身制定的各类规章制度办事，这些规章与制度对于指导和规范各个体育俱乐部的活动和行为具有重要意义。英国管理体育事务的政府机构是文化、媒介与体育部的体育娱乐处。在体育管理过程中主要采取了两种做法：一是立法干预，二是运用经济杠杆进行调控。尽管体育民间

---

① 程华、赵蕊、戴健：《发达国家体育社团发展的法律环境、运行监督机制及启示》，《上海体育学院学报》2015年第2期。

组织是政策法规的具体执行者，但是必须在法律之下进行体育管理，体育自治是相对的。所以说英国体育管理是法治框架下的管理，政府尽可能的减少对体育的干预，但从未放弃过必要的干预。目前，国外体育管理体制的发展趋势呈现两极向中间集中的趋势。政府侧重宏观管理和政策制定，社会体育组织承担事务性工作，政府与社会组织相互合作、相互协调和支持。

表 6-2　三种体育管理体制的比较

| 类型 | | 国家政府管理型 | 结合型 | 社会团体管理型 |
|---|---|---|---|---|
| 概念 | | 中央政府在国家层面设立专门的体育管理机构，政府采用行政管理方式、方法和手段进行体育事务进行行政管理 | 国家体育管理职能主要由体育行政机构及体育社会组织共同负担 | 不设立专门的体育管理机构，基本不参与体育的管理事务。充分保证体育的自治地位 |
| 管理性质 | | 被视为政府管理公共事务的一项职能 | 由政府领导，社会团体实施的一项公共事业 | 被视为由社会团体运用市场手段进行管理的社会公共事务 |
| 经费来源 | | 国家财政拨款（中央拨款和地方拨款），体育彩票 | 财政拨款支持和社会团体自筹兼顾 | 通过自身经营获得，如会员费、私人或企业的赞助、体育基金会运营所得、体育社会组织运用市场化手段运营所得 |
| 管理体制特点 | 优点 | 政府直接管理为主，直接体现国家意志，有利于整合一切社会力量 | 充分体现政府意志，采用公司化管理方式，提高工作效率。增加了行政机构与各类体育组织的合作机会。社会体育组织的行业管理为主，政府的间接管理为辅。社会体育组织通过运用各种现代管理手段进行有效的管理，政府则通过法律、经济和文化政策进行监管和引导 | 根据人们的兴趣爱好，易得到社会的支持，充分发挥各界积极性，体现社会各界的意志，体现高度的民主管理工作主要由志愿者承担，有助于培养国民奉献精神 |
| | 缺点 | 容易造成垄断，阻碍体育社团参与体育管理，易陷入大量事务性工作，削弱宏观管理职能 | 政府与社会体育组织两个主体在权限和利益分配方面存在着诸多利益冲突以及困难 | 体育社团和私人机构代表了特定的利益群体，在体育馆里的利益分配存在沟通与协作方面不足的情况 |
| 该管理体制的代表国家 | | 日本、韩国、加拿大 | 英国、德国、澳大利亚、西班牙、新加坡 | 美国、意大利、挪威、瑞典等 |

## （七）国外社会体育组织的运行保障机制

国外社会体育组织具有很强的活力以及体育公共服务供给能力，究其原因在于国外社会体育组织发展过程中形成了强有力的运行保障机制。

从管理学的角度来看，任何组织的发展都需要资金的支撑与保障。来源稳定且多样化的资金募集机制是一个组织可持续发展并发挥自身功能的关键。国外社会体育组织的资金主要来源是政府拨款、会员会费以及社会捐赠。社会体育组织利用市场机制，通过自身服务社会的行为获得相应的报酬，以此作为组织发展所需的资金来源之一。就现实而言，美国作为当今社会最为发达的资本主义国家，虽然国家奥委会对于社会体育组织发展提供一定的资金，但是美国社会体育组织通过市场运作募集资金成为一种重要的方式。欧盟国家作为传统的高福利国家，社会体育组织因其所具有的社会公益性，往往受到政府的财政拨款支持，其中需要指出的是政府财政拨款分为中央政府拨款和地方政府拨款。一般情况下地方政府对于社会体育组织的拨款额度往往大于中央政府。此外，欧盟国家也在逐渐运用市场化手段进行资金募集。

## 二、国外社会体育组织供给体育公共服务的制度环境构建典型案例

### （一）建立多部门协同治理的制度环境

作为联盟制国家，美国政府划分为三个层次即联邦政府、各州政府、地方政府，其中各州政府、地方政府享有很大的独立权限，包括制定法律、税收、独立财政等。政府权力的分配倾向于向各州政府、地方政府倾斜，加之联邦政府的权力和规模受到"三权分立"的国家政治体制的限制和约束，因而联邦政府选择了"小政府，大社会"的社会治理制度。有关体育的发展及管理权力大多分配给各州政府、地方政府以及社会。联邦政府很少对体育事项进行直接管理，但是美国联邦政府并不是对体育发展放任不管，而是将精力主要放在体育的宏观管理、调控、服务与引导上。同时美国联邦政府也注重多个政府部门联动共同推动体育发展，这已经成为美国政府发展体育的鲜明特色。例如，美国联邦政府中有总统"健身与体育"委员会、卫生与公共服务部、内政部、教育部、农业部、国防部（军

事工程部）、司法部（联邦商务委员会）、劳工部、商务部、交通部、住宅与城市规划部、环保署12个部门间接参与公共体育事务管理，每个部门发挥各自部门优势对体育进行有效的管理。例如，总统"健身与体育"委员会类似于我国国家体育总局下属的群体司，主要进行大众健康教育，发起社会公众广泛参与的体育活动计划项目；卫生与公共服务部则主要从公共卫生及健康着手，制定与实施大众健康政策、大众体育活动指导标准等；内政部主要对大众参与体育活动时必不可少的户外运动休闲场地进行管理和开发；住宅与城市规划部提供资金修建体育与娱乐设施等。这些部门各司其职又相互协同，对体育进行有效管理，促进了体育公共服务的有效供给。

英国在社会治理的诸多方面进行了改革，走在世界的前列。1965年英国成立了体育委员会（Sports Council），该委员会作为政府咨询部门向政府提供体育政策、建议以及报告，并且该委员会还负责组织各类体育活动。1972年，依据《皇家宪章》，体育委员会获得了权力认可成为政府部门，开始具体负责英国全国的体育事务。在1997年新工党开始执政以后，英国针对现实需要对体育管理部门进行了大刀阔斧的体制和机制改革，成立了文化媒体和体育部（DCMS）。同年根据《皇家宪章》成立了英国体育理事会（UK Sports），它与英格兰、威尔士、苏格兰和北爱尔兰体育理事会一起发展英国体育。这次改革最为突出的特点是新成立的英国体育理事会不是政府体育部门而是具有法人资格的非政府组织，英国体育理事会是英国文化媒体和体育部的具体事务执行机构。英国体育理事会中的各区域体育理事会则是区域体育发展执行机构。由此表明，英国体育管理机制由政府主导型发展为社会团体管理型。2002年颁布的《游戏计划》（Game Plan）提出将体育与健康、教育政策联系起来，同时倡导体育休闲娱乐。相关部门应该联合行动以共同发展体育，这些部门包括中央政府、体育理事会、地区体育管理会、乡村体育委员会等。英国的执政党——工党提倡社会各个组织相互协作为人们提供体育器材、设施和参与运动的机会（参见图 6-2）①。英国这样的多部门协同治理的体育管理制度有利于推动社会体育组织供给体育公共服务。

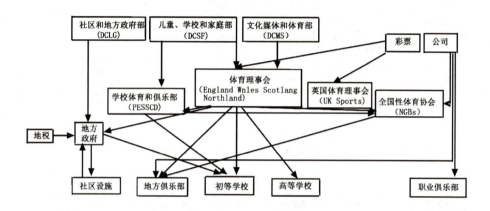

图 6-2　英国体育相关各部门关系图②

协同治理是加拿大体育体系的主要特征（见图 6-3）。加拿大联邦政府从 20 世纪 60 年代末开始资助和培育社会体育组织，至 20 世纪 70 年代初加拿大政府在渥太华建立国家运动休闲中心，为全国性体育组织提供免费办公场所和行政支持服务。1971 年共有 33 家体育组织在国家运动休闲中心办公，1979 年增加至 57 家。政府的介入与培育产生了积极作用，在短时间内提升了加拿大体育社会组织的专业化管理能力，实现了社会体育组织由"厨房餐桌志愿者业余管理"向"专职人员专业管理"的转变。加拿大政府于 2003 年颁布的《身体活动与运动法》（Physical Activity and Sport Act）导言的第 5 条指出，加拿大政府鼓励各类政府部门、身体活动和运动社区、私营部门通力协作，促进身体活动和运动的发展。这在立法层面明确了体育治理的基本思想。该法案同时指出加拿大联邦政府有权与体育组织和体育机构合作，授权国家体育部长向相关体育组织、机构、个

①　汤际澜：《英国公共服务改革和体育政策变迁》，《南京体育学院学报》2010 年第 2 期。
②　汤际澜：《英国公共服务改革和体育政策变迁》，《南京体育学院学报》2010 年第 2 期。

人提供联邦资助，即政府通过服务购买的方式与体育组织进行合作①。

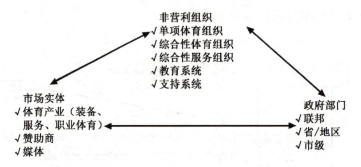

非营利组织
√ 单项体育组织
√ 综合性体育组织
√ 综合性服务组织
√ 教育系统
√ 支持系统

市场实体
√ 体育产业（装备、
　服务、职业体育）
√ 赞助商
√ 媒体

政府部门
√ 联邦
√ 省/地区
√ 市级

**图 6 - 3　加拿大体育相关各部门关系图②**

　　1987 年 3 月 16 日，新西兰通过《体育、健康与休闲法案》，1987 年 4 月 1 日该法案正式生效。新西兰出台这一法案的主要目的是促进和发展新西兰人参与体育、健康和休闲活动，成立 Hillary 委员会负责管理新西兰的体育、健康和休闲事务。委员会旨在专门推行各项发展体育、健康和休闲政策，而政府主要承担制定政策的职责。1998 年，为了促进体育公共服务的发展，新西兰成立了国家体育活动特别工作委员会开展全民体育活动，了解国家体育活动开展情况。同年，Hillary 委员会发布了《体育活动特别委员会工作报告》，建议新西兰在国家层面制定促进全民体育活动的政府政策。当时 Hillary 委员会在发起相关政策如《没有例外——Hillary 委员会残疾人体育战略》和《合适运动——学校青年人体育战略 2000—2005》过程中起到了非常重要的作用。2000 年，新西兰成立了由体育部长委任的专门工作小组，对新西兰体育、健身、休闲等事务进行全面考察，为制定国民体育政策和纲领做准备。2001 年 1 月，该工作小组向新西兰政府提交了一份《作出调整——为了一个更加活力的国家》的报告，

---

　　①　邢晓燕：《政策"趋同进化"视域下加拿大政府购买体育社会组织服务的借鉴研究》，《中国体育科技》2017 年第 4 期。

　　②　邢晓燕：《政策"趋同进化"视域下加拿大政府购买体育社会组织服务的借鉴研究》，《中国体育科技》2017 年第 4 期。

指出了新西兰体育与休闲领域存在的诸多不足，建议成立一个新的机构代替 Hillary 委员会的工作以推动新西兰的体育发展。在 2002 年，新西兰颁布了《新西兰体育与娱乐法》。《新西兰体育与娱乐法》的出台催生了旨在进一步推进新西兰体育休闲和体育运动发展的新机构——新西兰体育与休闲委员会（Sport and Recreation New Zealand）。在《新西兰体育与娱乐法》中，明确规定了新西兰体育与休闲委员会要与学校、地方政府、中央政府、社会体育组织共同协作，提供和维护与体育休闲和体育活动相关的社会体育组织相关基础设施。新西兰的体育公共服务是多层面的，涵盖了国家、地方政府、社区，还涉及教育、卫生等多个部门。新西兰体育公共服务体系将体育与教育、健康、卫生、娱乐以及其他相关产业部门联合在一起，在各级政府层面展开，也就是将政府和社会体育组织（俱乐、区域体育信托基金）志愿者结合在一起[①]。

### （二）健全完善的体育公共政策环境

对于现代社会治理体制而言，公共政策是有效治理社会的政策工具。特别是对社会公共服务而言，公共政策的作用更是不可低估。

美国联邦政府通过健全完善的体育公共政策对体育进行有效的治理。20 世纪 70 年代以来，美国经济发展进入黄金期，美国人遭遇了因现代生活方式所引起的都市病，为此政府面临着如何提高国民健康水平的问题。美国联邦政府制定出台了多个国民健康促进政策。例如，最知名的"健康公民"计划涉及美国卫生与公共服务部以及地方政府、社区、专业组织等多元主体，通过三轮循环运作，取得了令人瞩目的成就。还有美国卫生部于 1996 年推出的《身体活动和健康报告》；2000 年颁布的《通过身体活动和竞技运动提升青年人健康水平》、2001 年颁布的《增进身体活动：社区预防服务工作小组的建议报告》、2008 年颁布的《美国人体育活动指

---

① 龚正伟、姜熙：《新西兰体育公共服务体系研究——基于体育政策的分析》，《北京体育大学学报》2013 年第 11 期。

南》，以及在 2001 年和 2008 年推出的《全民健身计划》《大众体育计划》等①。

作为政府服务的购买对象，社会组织的服务承接能力决定了公共财政投入的产出与效益。加拿大联邦政府从 20 世纪 60 年代末开始资助和培育社会体育组织。近半个世纪以来，加拿大联邦政府持续对体育资助政策以及资助的运行机制进行调整与完善，逐步形成了国家单项体育组织（National Sport Organization，简称 NSO）、国家综合体育服务组织（National Multisport Service Organization，简称 MSO）、国家运动中心（Canadian Sport Centre，简称 CSC）三类社会体育组织购买体育服务，推动体育发展的治理模式。1995 年正式启用的《体育资助与问责框架》（Sport Funding and Accountability Framework）是加拿大体育局等资助项目资金分配和绩效管理的核心政策工具，也是加拿大联邦政府与 NSO、MSO、CSC 等全国性社会体育组织协同治理的体现②。

### （三）完善保障体制与机制建设

当前英格兰体育理事会对体育公共服务的投资分为三类：一是资助已征集的申请项目，英格兰体育理事会投资预先确定的，有具体社区体育目标的组织，例如国家单项体育管理组织、国家合作伙伴、区域合作伙伴、群体合作伙伴、地方当局以及促进儿童青少年体育参与计划。英格兰体育理事会计划 2013—2017 年投资 4.93 亿英镑帮助 46 个单项体育管理组织，让更多的人参加体育运动；英格兰体育理事会 2013—2015 年投资超过 1500 万英镑于国家伙伴，使他们能够利用自己的专业知识，完善社区体育的特定领域。二是实施资金资助，包括小额补助金、激励性体育设施计划（Inspired Facilities）、体育场地保护基金、社区体育启动基金等。"提高体育公共服务质量计划"在 2012—2017 年投入 4500 万英镑到中等规模项

---

① 王占坤：《发达国家公共体育服务体系建设经验及对我国的启示》，《体育科学》2017 年第 5 期。

② 邢晓燕：《政策"趋同进化"视域下加拿大政府购买体育社会组织服务的借鉴研究》，《中国体育科技》2017 年第 4 期。

目上以改善英格兰体育公共服务供给的质量，每一轮投资优先考虑给予社会体育组织用于体育公共服务的供给。

2003—2013 年，加拿大体育局的部门经费总体呈上升趋势。从 2003—2004 年度的 1.03 亿加元上升至 2012—2013 年度的 2.17 亿加元。90％以上的部门经费用于资助项目，而用于资助项目的经费中，70％以上用于向社会体育组织购买体育公共服务[①]。可见，政府体育部门与体育社会组织的资助关系是政府购买体育服务，社会体育组织供给体育公共服务所需的保障体制与机制。

## 三、国外社会体育组织供给体育公共服务的制度构建启示

第一，加快推进政府体育职能转变，一是制定政府购买体育公共服务的指导目录；二是观念更新，使社会体育组织参与体育公共服务供给的主体地位得到保障。第二，体育管理中政社分开，一是认真实施社会体育组织去行政化工作；二是完善配套政策。第三，完善社会体育组织的支持体系，一是为社会体育组织提供稳定的资源支持；二是允许社会体育组织从事经营活动，增强自身实力；三是建设各级枢纽型社会体育组织。第四，健全对社会组织的监管体制，一是完善相关法律法规，出台社会体育组织法；二是制定社会体育组织信息公开办法，使政府购买社会体育组织服务透明化。

### （一）政府转变职能，服务于社会体育组织

政府职能从传统的"全能型政府"向"服务型政府"转变。政府的行为和作用逐渐以公共服务为中心展开，政府在体育公共服务方面的职能也要发生转变。在全面建成小康社会和体育强国建设进程中，体育公共服务是社会共同需要的。因此，政府和社会应共同承担体育公共服务供给责

---

① 邢晓燕：《政策"趋同进化"视域下加拿大政府购买体育社会组织服务的借鉴研究》，《中国体育科技》2017 年第 4 期。

任。我国社会体育组织发育不成熟，政府的公共服务职能没有充分发挥出来。在我国建设体育公共服务体系过程中，我们可以通过相关政策投入、财政转移支付以及财政拨款等多种形式的保障制度来促进社会体育组织更好的供给体育公共服务。因此需要通过相关政策和财政投入培育社会体育组织发展，调动社会公众参与体育公共服务建设的积极性，逐步形成政府、社会和公民共同参与体育公共服务供给、管理、监督和评价的局面，构建政府与社会体育组织的合作伙伴关系，使政府、社会和公民之间在体育公共服务供给上产生良性互动。

**（二）细化和完善法律文本**

目前，我国的体育公共服务体系建设仍处于探索期，相关法律缺失，政策还不完善。如政府购买体育公共服务并没有正式的法律来加以保障，在实际操作层面，体育公共服务标准缺失，购买效果的评估制度尚不完善。在此情况下，需要根据我国的国情，借鉴发达国家的先进经验，细化和完善法律文本。一是加强立法，从法律的角度规范体育公共服务体系建设，明确体育公共服务的供给主体及其职责划分、服务标准、监管机制等；二是梳理现有的体育公共服务相关立法与政策法规，聘请专家学者，通过深入调研、废止和修订阻碍社会力量参与体育公共服务供给的法律法规，为形成多元主体供给体育公共服务的格局扫清障碍。根据需要制定新的政策法规，形成系统配套的法律法规体系，出台社会力量参与体育公共服务体系建设的相关规定。与此同时，政府要加快出台《体育公共服务标准》《政府购买公共服务法》等类似的法律法规。

**（三）简化登记制度，降低进入门槛**

大多数发达国家对非营利组织的登记采取放任的态度，而非营利组织本身既可以选择登记成为法人组织，也可以选择不登记以非法人形式活动。我国长期以来对非营利组织进行的是"双重审批"制度。根据这一制度，成立体育非营利组织必须由体育行政主管部门审查同意，再向民政部门申请。非营利组织登记的准入门槛较高，登记程序也比较复杂，这些都不利于非营利组织的发展。从国外经验来看，合理调整我国社会体育组织的准入门槛，简化登记程序，应是我国社会组织登记管理改革的方向。

**（四）完善税收优惠政策，鼓励社会体育组织提供公共服务**

我国对于社会体育组织的税收优惠政策与国际主流政策比较一致，主要都集中在对非营利组织自身收入的税收优惠和向社会体育组织捐赠的单位及个人的税收优惠。但是，我国社会体育组织发展的时间较短，有关社会体育组织税收优惠的制度和政策不完善，尚未形成完整的体系。立法的针对性不足、细分程度不够，很多相关规定原则性强，可操作性差，与发达国家存在差距。我国需要针对社会体育组织制定一部相对统一的法律，专门规范社会体育组织的税收制度。

**（五）加大对社会体育组织的监督力度，建立评估机制**

社会监督是监督体系的重要组成部分，对于社会体育组织的监督和管理不能只有民政部、体育局负责，社会、民政部门和业务主管部门共同参与才能更好地保障社会体育组织的健康发展。社会监督不仅可以提高监督效率，还可以节约监督成本。

第一，建立公平的社会体育组织竞争环境。一方面，要大力扶持发展中的社会体育组织，壮大发展欠佳的社会体育组织，在同类社会体育组织中形成相互竞争的机制，在给予大众多重选择的同时，也要避免同类项目的市场垄断现象。另一方面，严抓考核工作，对于考核能力较为可观的社会体育组织给予部分体育类公共服务的建设项目，发挥其社会服务能力。

第二，引进第三方评估，建立信息公开制度。政府对社会体育组织的管理能力是有限的，对其投入过多的管理也是不合理的。现在对于社会体育组织的评估工作多交于第三方完成，例如浙江省民政部门的体育类社会组织评级工作就是由第三方进行的。第三方可以从更专业的角度评价一个组织，做到客观、专业及时对社会组织进行审查，淘汰不良的社会体育组织，给社会、政府提供一个了解社会体育组织发展实际状况的渠道。健全基层社会组织诚信服务和信息披露机制，主动公开服务项目、收费标准、制度建设、财务信息、活动信息、党务信息等各类信息，自觉接受乡镇、街道党委政府、居委会（村委会）和基层群众的监督。

第三，鼓励社会监督。社会监督是监督的一项重要措施，在降低政府的监督成本，激发群众参与社会事务管理的热情，形成良好的组织自律氛围等方面都有重要的意义。

**（六）健全我国志愿者服务体系**

在发达国家，体育志愿者在体育公共服务体系中扮演至关重要的角色。体育志愿服务人员主要由体育指导员和志愿者组成，他们是体育发达国家大众体育工作的重要支撑力量。体育志愿服务为发达国家体育事业的发展节省了大量人力、物力，政府普遍重视志愿服务管理职能的履行，通过立法保障、建立激励机制等措施扩大体育志愿者群体，通过加强业务培训，使体育志愿者提高专业水准和服务质量。虽然我国大众体育蓬勃发展，但是公益性社会体育指导员和体育志愿者不足，特别是社区体育志愿者非常缺乏。因此，今后我国要加大培养体育志愿者的力度，如在各级学校的思想政治教育中注重学生的志愿精神培养，把担任志愿者的经历作为学生评优评先和升学的考核内容；鼓励现役或退役运动员深入社区进行义务指导居民健身。继续加大社会体育指导员的培养力度，激励有体育特长的公民参与体育志愿服务[①]。

**（七）拓展政府与社会组织合作平台，发展合作制度**

对于社会捐赠，政府公共财政要给予适当配套资金，改变基层政府"等靠要"的思想观念。社会资源应参与体育公共服务体系建设，应该注重均衡性发展，统筹兼顾和综合平衡，特别是向农村、经济不发达地区等社会资源缺乏地区倾斜。社会力量愿意资助或投资于大型体育场馆，而对城市社区或农村地区小型化、多样化的活动场馆和健身设施缺乏资助或投资积极性。要引导和鼓励社会力量在社区建设就近、就利、就便的小型多样化的活动场馆和健身设施，政府以购买体育公共服务的方式予以支持。此外，社会力量参与体育公共服务体系建设，除了资源的投入，更重要的

①　王占坤：《发达国家公共体育服务体系建设经验及对我国的启示》，《体育科学》2017年第5期。

是在社会上形成一种参与体育的氛围，提高民众的体育意识和社会对全民健身事业的重视。当前，慢性疾病和肥胖现象呈上升趋势，青少年体质下降，体育产业占 GDP 比重约 0.6%，远低于发达国家的平均水平，这些问题与全民体育是否发达有关。我国一向重视全民健身事业，但是全民健身事业与发达国家相比仍然落后，其原因除了与全民健身资源投入不足有关外，全社会对全民健身事业的重视不足也是其重要原因。提高重视度会潜移默化的改变人们的意识与思想观念，也由此带来一系列的制度设计的变化，使人们的生活方式和健康水平发生转变。因此，在加强体育公共服务体系建设的同时，要努力创造有利于体育公共服务体系建设的良好社会环境，注重发展体育慈善或社会捐赠事业。从国外的发展情况来看，在"全球性结社革命"之后，随着西方社会治理方式的转变，政府与非营利组织之间从"管理与被管理"的关系逐渐转变为"合作"关系；政府与社会体育组织的关系从一种垂直管理和控制的关系变为一种法律和协议的关系。随着这种合作关系的深入，政府与社会体育组织之间的合作方式也呈现多样化的发展趋势。非营利组织承接政府购买服务，参与政策发展，是国外非营利组织与政府合作的两大平台。我们还可尝试建立促进政府与社会体育组织良好合作的协调管理机构。

## 第二节 国外社会体育组织供给体育公共服务的模式及其典型实例

社会体育组织在体育公共服务中发挥着重要作用。首先，社会体育组织具备提供体育服务的功能，服务功能是社会组织安身立命之本。在西方体育发展历史中，体育作为公民自身的娱乐爱好，曾经是政府不介入的一项事务，长期以来都是民间的体育团体和组织提供有限的体育服务。随着社会经济文化的发展，第二次世界大战结束以后，体育运动对国民健康、身体素质的重要意义被广泛地认识，各国政府对体育加大投入，体育公共服务的供给逐渐由政府垄断，以满足国民的体育需求，极大地促进了全球体育事业的发展。但是，随着信息时代的到来，人们对体育服务的需求呈现多样化趋势，政府提供的体育公共服务已经难以满足公众需求，政府难以完全承担体育公共服务。因此，政府需要引进社会力量参与到供给体育公共服务中来。虽然社会体育组织无法完全替代政府的作用，但是其专业性有利于向社会提供体育公共服务，这一优势可以弥补政府提供体育公共服务的不足。其次，社会体育组织具有沟通和协调功能。社会体育组织既能深入到社会基层，又能同相关政府部门保持密切的联系。在这个意义上，民间的体育组织可以成为相关政府部门联系人民群众的桥梁和纽带。此外，民间的体育非营利组织还可以作为一条重要的纽带，在其服务的社会基层民众同体育类企业、学术界、新闻媒介以及社会公众之间发挥沟通和协调作用。它还可以承担起该领域国际交流与交往的重任，从而成为扩大该领域国际交往的主要渠道。最后，是整合资源，社会体育组织可以集合社会资金参与到体育公共服务中来，形成体育服务资源的供给。

## 一、政府购买社会体育组织体育公共服务模式及其典型案例

目前，美国、英国、德国、加拿大、新西兰等进行过政府职能改革，推进社会治理主体多元化的国家普遍采用的是政府购买社会体育组织的公共服务模式。其中英国是比较成功的国家。第一，英国形成了相对完善的服务购买的法律制度。对于购买体育公共服务，西方发达国家已经形成了一整套的法律、政策、条例等制度环境从而使得政府购买体育公共服务行为符合法律规范要求，购买流程科学、合理，具有较高效率，购买内容以及价格具有合理性。早在1998年当时执政的保守党制定了《地方政府法》，该法对于政府购买体育与休闲设施明确规定必须引入强制性竞标模式。《体育2020发展规划》中明确提出，体育公共服务的供给质量和供给效率是政府购买服务时必须考虑的关键问题。政府应该进行改革，采用购买体育公共服务的形式来加以实现。在购买体育公共服务时，首先需要保证体育公共服务的公共性即能够为广大社会公众所获得，政府需要与具有

非营利性、公益性特征的社会体育组织紧密合作。第二，政府购买体育公共服务的对象具有多元性，包括非营利性的各类社会体育组织，营利性的企业，以及政府部门及其下属机构或组织，其中非营利性的体育俱乐部是政府购买体育公共服务的主要供给者。英国绝大多数的非营利性的体育俱乐部的经费除少量社会捐助、商业赞助外主要来自政府和体育理事会的资助以及会员费，使得各类体育俱乐部成为大众体育的基本组织形式。21世纪以来，英格兰有近 1000 万人是体育俱乐部会员，占总人口的23.3％。全国约有 15.1 万个体育俱乐部，平均每个俱乐部拥有 117 名成年人会员和 107 名青少年会员。英国伦敦推出市长体育遗产计划，该项计划的体育参与基金的主要作用是为大众体育组织提供资金，使伦敦人更多地、更频繁地参与体育运动。第三，注重购买规范，强调合同监管。在政府购买体育公共服务的过程中，英国政府非常注意购买行为的规范性。购买主体主要遵循下列行为准则：一是协商，在采购体育公共服务之初，采购部门需征求一些体育社团、协会和俱乐部的建议，将该环节纳入服务购买政策制定过程，购买主体双方在协商的基础上议定体育公共服务的生产要求。二是资金审计与监管，政府职能部门必须按照契约规定对承接主体的资金使用和服务过程进行严格的监管，进行服务外包中政府必须遵循专款专用、公平合理、物有所值的原则，确保其按照预期的目标进行运作。第四，规范、合理地使用公共资金。例如，文化、传媒和体育部门对财政部下拨的体育资金不进行直接管理，而是通过签订一些具体的资金协议交给英国体育理事会和苏格兰体育理事会，他们负责在全国范围内进行公开招标。通过招标选择合适的承接主体为社会供给体育公共服务。政府根据服务完成情况支付费用，对一些不适合购买的体育公共服务才由政府直接供给。第五，谋求长期的战略合作关系，关注并投资非营利组织的能力建设。为了提升非营利组织的服务品质，英国政府向其提供了各种各样的支持性服务，包括场馆、设施、资金，体育信息服务，大众体育指导员的培训等①。

## 二、社会体育组织供给社区体育公共服务模式及其典型案例

社区对于国外特别是发达国家而言是基层的社会单元，也是开展大众体育活动的主要阵地，社区体育目前已经成为大众体育的主要形式之一。在美国、英国、德国、新西兰等国家，社会体育组织供给社区体育公共服务成为一种主流形态，其中新西兰的社会体育组织供给社区体育公共服务模式具有典型价值和意义。新西兰将社区体育公共服务工作放在十分重要的位置，认为社区体育是体育生活的基础。新西兰体育公共服务体系主要是以社区体育传送系统（Community Sport Delivery System）作为载体来加以建设。社区体育传送系统的发展目标是通过支持社区开展体育公共服务，使得新西兰人能够参与到体育运动之中。社区体育传送系统之中存在

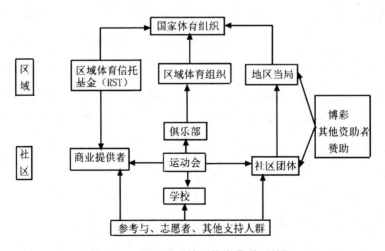

**图 6-4　新西兰"社区体育传送系统"**

---

① 谢叶寿、阿英嘎：《英国政府购买公共体育服务的实践与启示》，《体育与科学》2016 年第 2 期。

多个主体（见图 6－4），其中国家体育组织（NSO）主要是对提高社区体育的发展进行全局性的战略布局，倡导社区体育的重要性，与社区体育公共服务的直接供应方如区域社会体育组织、地方体育协会、社区俱乐部等建立伙伴关系，为他们提供专业知识和其他方面的支持；制定社区体育发展方案，分配资源，进行区域和地方层面的社区体育公共服务供给①。

## 第三节 国外社会体育组织供给体育公共服务的模式启示

### 一、政府应发挥引导作用

社会体育组织供给体育公共服务事实上是承接政府职能，完善社会治理结构的一种行为表现，也是在体育领域中践行"小政府、大社会"的改革举措，对于体育发展具有重大的意义和价值，从而使体育发展具有内生性的动力源泉。从国外社会体育组织供给体育公共服务的实践来看，在其初始阶段属于一种社会体育组织自发的志愿行为和互益行为，影响小、范围窄、内容少，受益人群局限于社会体育组织成员以及社会体育组织所在社区的居民。美国、英国等国家对体育发展需要多元主体协同治理的规律及趋势有着科学而合理的判断，认定社会体育组织供给体育公共服务是解决体育公共服务供给效率低下的重要手段。美国、英国等国家积极发挥政府的引导作用，通过制度环境建设、政策引导、资金扶持、人员培训等多重形式和手段推进社会体育组织供给体育公共服务，取得了较为显著的效果。因此，我国推进社会体育组织供给体育公共服务，不能将其视为随着社会发展而内生形成的行为和过程，政府需要采用多种措施积极引导、推动社会体育组织供给体育公共服务的发展。需要指出的是，政府发挥引导

---

① 龚正伟、姜熙：《新西兰体育公共服务体系研究——基于体育政策的分析》，《北京体育大学学报》2013 年第 11 期。

作用推动社会体育组织供给体育公共服务，并不是说政府从此可以不再履行供给体育公共服务的职责。事实上，随着经济发展和政府职能改革的不断推进，政府供给体育公共服务的职责更需要加强。为了更好地履行这一职责，政府需要不断提高供给体育公共服务的效率，满足社会公众不断增长的体育公共服务需求。推动社会体育组织供给体育公共服务是提升体育公共服务供给效率的一种改革和创新。

## 二、健全社会体育组织管理制度

国外经验给予我们的另个一启示就是社会体育组织想达到合法有序参与体育公共服务供给的目的，需要有健全的社会体育组织管理制度。当前我国在社会组织方面特别是社会体育组织的整体立法和专项立法方面都存在较多的问题和不足。在社会体育组织参与体育公共服务供给领域更是缺少系统的制度规定，与国外具有健全的社会组织以及社会体育组织法律制度体系相较存在着很大的差距。目前，我国社会体育组织参与体育公共服务供给在立法层面处于空白状态，没有专门的法律或法规对此领域进行规范，仅仅个别省份制定了一些行政法规和政策性文件。就浙江省而言，也仅是嘉兴等个别地市针对政府购买体育公共服务出台了相关的法律规定，这必然导致社会体育组织参与体育公共服务供给缺少合法的规定以及必要的规范、约束和指引。为了促进和保障社会体育组织规范高效地参与体育公共服务供给，必须健全相关的法律制度。在国家层面，一是有必要制定出台《社会组织法》，从立法上明确社会组织的性质和法律地位，规范社会组织的设立条件及登记注册程序，规定社会组织的权利和义务[1]。二是针对社会体育组织参与体育公共服务供给，需要制定一套较为系统完备的专项法律法规体系，明确社会体育组织在体育公共服务供给中的合法性主体地位，为社会体育组织参与体育公共服务供给提供法律依据；需要针对

---

[1] 李峰：《英国社会组织参与公共服务供给的历程及启示》，《哈尔滨市委党校学报》2015年第 4 期。

体育公共服务的自身特点来制定操作性较强的配套规章政策，明确社会体育组织在体育公共服务供给过程中的地位和作用，明确本应享有的权利和应尽的义务；对社会体育组织供给体育公共服务的参与方式、资金来源、服务标准、效果评估、监督管理等重要事项进行规范，使社会体育组织能够按照较为规范、标准的程序提供体育公共服务，为社会体育组织参与公共服务供给营造良好的制度环境。在地方层面，应根据立法权限和本地区社会体育组织发展情况，以及体育公共服务的实际需求，制定更加细化和具体的地方法律规范和相应的指导性文件，使社会体育组织参与体育公共服务的流程和标准更加符合本地区社会公众的需要。

### 三、制定资金扶持和税收优惠政策

资金是维系社会体育组织正常运行，有效参与体育公共服务供给必不可少的物质基础。国外政府为社会体育组织参与体育公共服务供给，提供资金支持和优惠的税收政策，减少了社会体育组织在资金方面的困扰，为其提供体育公共服务奠定了物质基础，这一条经验非常值得浙江省借鉴和学习。当前，浙江省社会体育组织整体发展水平还不高，其中一个重要原因是缺少资金进行业务服务和扩展。为此，中央政府和地方政府要完善体育公共服务供给，需要从财政上对参与体育公共服务供给的社会体育组织给予资金方面的扶持，在税收上给予优惠，在社会保险及相关费用方面给予补贴或减免，提高社会体育组织参与体育公共服务的积极性，提高公共服务的水平。具体而言，一是可以由政府在财政经费上进行专门的立项，通过补贴等形式对参与体育公共服务供给的社会体育组织直接给予资金支持。二是应当对从事体育公共服务供给的社会组织，免于征税。三是推广和完善政府购买体育公共服务体系，将体育公共服务纳入政府采购的范畴，对政府采购法以及政府采购、招投标方面的法规进行相应调整，准许社会体育组织参与政府招标，并明确政府购买体育公共服务的项目、流程以及具体标准，将政府购买体育公共服务的费用纳入政府预算，并不断加大资金的投入力度，扩大政府向社会体育组织购买体育公共服务的范围。

## 四、建立科学的体育公共服务供给绩效评估体系

政府向社会体育组织购买体育公共服务成功实施的主要保障因素是具有完善的服务购买监管与绩效评价机制。通过分析可以看出，国外政府向社会体育组织购买体育公共服务均实施必要的监管，在监管方式上主要以合同的形式来进行监督，在监管主体上不仅加强政府职能部门的作用，还通过引入社会其他力量协助政府对社会体育组织供给体育公共服务的过程进行全程监督。在绩效评价上主要是强调消费者的回应性评价。近年来，我国各级政府在服务购买的过程中已经意识到实现体育公共服务绩效评估的制度化、规范化和科学化。绩效评估是社会体育组织供给体育公共服务的重要环节，是改革与发展的"助推器"，是社会体育组织供给体育公共服务这一过程的内部控制与外部监督的重要工具。建立科学的社会体育组织供给体育公共服务的绩效评估体系，应引入现代评估理论与方法，健全运行评估机制，对社会体育组织供给体育公共服务过程进行科学评估。首先，以满足人民群众体育需求、实现人民群众体育权益为中心，科学合理地制定能涵盖体育公共服务的各主要方面的指标体系，综合反映体育公共服务投入、产出、数量、质量、运行状态等。其次，针对评估对象的不同特点、不同要求形成不同层次、不同功能的评估体系。再次，将评估与监督有机结合起来，建立包括政府、社会服务对象、新闻媒体、第三方评估机构等多元主体参与的监督评估体系，提高评估的科学性、客观性与监督的有效性，通过客观准确的运行评估促进体育公共服务供给体系建设。最后，对评估结果提出对应的奖惩措施，以强化服务水平，注重社会体育组织供给体育公共服务的产出和结果，提高体育公共服务的效率和质量[①]。

## 五、选择适宜的社会体育组织供给体育公共服务模式

前文已经分析在国外由于不同的国情以及不同的体育公共服务需求，

---

① 陈丛刊、卢文云、陈宁：《英国公共体育服务供给体系建设的经验与启示》，《成都体育学院学报》2012 年第 1 期。

导致不同的国家选择不同的社会体育组织供给体育公共服务模式，由此给予我们的启示是在浙江省推进社会体育组织供给体育公共服务需要依据浙江省省情选择适宜的模式。选择社会体育组织供给体育公共服务的模式应坚持动态性原则，意味着应以社会公众体育公共需求变化为导向。在社会公众基本体育公共需求不断多样化的背景下，不断选择新的社会体育组织供给体育公共服务的模式，从而使新的模式具有较高的效能，满足社会大众不断增长的体育公共服务需求。

综上所述，我们认为社会体育组织供给体育公共服务模式是一个复杂系统，该系统的形成、发展以及演进受到诸多因素的影响。既有外部制度因素的影响，同时也有社会体育组织自身结构、能力、资源等因素的影响；既有政府职能转变、服务社会的目标引导的影响，也有社会公众体育公共服务需求动态变化的影响；既有政府购买等供给合作形式的影响，又有社会体育组织供给体育公共服务模式绩效评估的影响。凡此种种，均在这一体系中发挥着作用（见图6-5）。

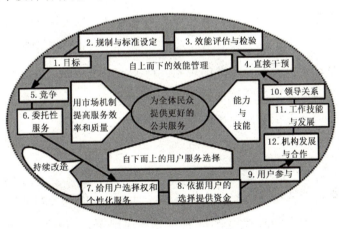

**图6-5 社会体育组织供给体育公共服务模式要素**

# 第七章 浙江省社会体育组织供给体育
# 公共服务制度环境建构

## 第一节 完善管理体制

管理有照管、料理的意思，同时包含着一定程度的约束性。有人群的活动就有管理，有了管理，组织才能进行正常有效的活动。简而言之，管理是保证组织有效地运行所必不可少的条件。组织的作用依赖于管理，管理是组织中协调各部分的活动，并使之与环境相适应的主要力量。所有的管理活动都是在组织中进行。有组织，就有管理，即使一个小的家庭也需要管理；从另一个方面来说，有了管理，组织才能进行正常的活动，组织与管理都是现实世界普遍存在的现象。前文已论述在浙江省社会体育组织供给体育公共服务制度环境中，管理体制存在诸多问题，需要加以完善从而促进浙江省社会体育组织供给体育公共服务。

### 一、优化管理的行政流程

业务流程，是为达到特定的价值目标而由不同的人分别共同完成的一系列活动。活动之间不仅有严格的先后顺序限定，而且活动的内容、方式、责任等也都必须有明确的安排和界定，以使不同活动在不同岗位角色之间进行转手交接。活动与活动之间在时间和空间上的转移可以有较大的跨度。业务流程再造（简称流程再造），最早兴起于 20 世纪 90 年代，西方国家针对企业经营过程进行根本性的思考并提出彻底的改革理论。该理论主要是对业务流程进行优化，以便在成本、质量、服务和速度等方面取得显著改善。而后，该理论逐渐被应用到政府行政管理，以便政府从任务、结构、人力和技术等行政方面进行流程优化，提高效率。在该理论的指导下，优化政府管理社会组织的行政流程。建立专门的社会组织事务管理局，管理社会组织的人员规模，减少社会组织和行政制度的冲突。进一步取消社会组织双重管理，将社会组织的登记和业务主管部门，划分到社会组织管理局，把两个分散的部门集中到一起，形成一个新的部门，由主管单位作为业务顾问，规范社会组织的业务规范并提供发展中的技术支持。社会组织管理局及其所属事业单位和"枢纽型"社会组织共同对社会组织进行全方位的管理。这样，少了各业务主管单位的负担，可以让行政力量更加集中，社会组织管理局对于社会组织的运行状况了解更加深入。业务流程再造过程是一个反复评估和改进的过程，目的在于优化政府执行流程，提高办事效率。这样可以进一步让社会组织接受相应的管理思想，减少体制间的冲突。并赋予工商局等更加有力的行政手段和执法权力，对社会组织进一步加强管理，强化对违法违规行为的行政治理力度。同时，对分散和冲突的政策进行梳理和分类，将相关的权责集中在社会组织管理局上。

## 二、更新管理理念，突出社会体育组织主体地位

在政府职能转型的今天，对于社会体育组织的登记依然实行"双重登记"制度，把体育类社会组织置于管理的角色上，不能发挥其自身紧密联系群众、节约成本、办事效率高等特点，阻碍其健康发展。政府部门应该摒弃这样的管理观念，以合作共赢的心态与体育类社会组织在共建体育公共服务的道路上精诚合作、相互协作，正确认识政府部门的社会角色，通过制定文件法规、政策等方式，引导、鼓励、扶持体育类社会组织的健康发展，及时解决发展过程中出现的问题，满足体育类社会组织发展基本诉求。政府在对待体育类社会组织时，存在政策错位、缺失、越位等问题，很难对体育类社会组织有一个清晰的认识，不该管理的去干预了，该去干预的却没有有效干预。政府应把不该管理的事情交给体育类社会组织，给

他们足够的发挥空间，提供施展的平台，多听取体育类社会组织的难处，扮演好引导、监督的角色。国家关于社会组织的相关法律和办法文件太少，对体育类社会组织的性质和发展方向的定位不明确。虽然《浙江省体育类社会组织暂行管理条例》中条款众多，涉及范围也很广泛，但是深度不够，实体性内容偏少，法规对其营利性的内容界定不明确，非营利的具体做法没有明确规定。对于"非营利"的概念混乱，导致体育类社会组织做事情畏首畏尾，严重限制其发展。不准营利的规定又与组织发展自相矛盾，体育类社会组织没有足够的资金维持自身的发展运作，也就谈不上提供优质体育公共服务。

## 三、管理体制创新，解决多头管理及责任主体模糊和缺失问题

明确责任主体最有效的办法就是进行责任划分，明确责任该归谁。多头管理，是指多个政府部门就某一项公共事务共同管理，但是彼此之间没有理顺权责关系，从而造成政府部门效率低下，成本过高等问题的管理方式。也就是说，同一个人或同一个部门，有两个或多个上级进行指挥或管理，导致下级人员无所适从，不知听哪一个的好。这种情况会导致管理混乱、责任不清，出了问题后，由于有几个人进行管理，所以推卸责任会变得更容易。"多头管理"很容易造成"空头管理"。解决这样的困境，首要的就是有职责清晰的管理制度，并加强各单位、各部门的岗位、人员培训；多头管理并没有错，关键是要区分职责，以联动高效为目标，从组织架构、流程、责任着手理清管理关系。从个人角度来讲，需要提高意识，能自觉遵守和执行相关制度、流程、职责。在遇到问题时，尽可能从完善制度的角度考虑原因，不断修正自我行为。

# 第二节 健全监督机制

## 一、监督模式的选择

鉴于监督机制是由多种要素相互作用形成的一种运作方式，包括监督主体，监督客体，监督体制，监督的程序、手段、方式，监督主体的权利与法律规范，监督方的义务、权利，监督主体的组织结构及各种监督主体之间的关系，监督的动力等要素。各要素之间相互衔接、相互作用。各部分之间的质量、相互动员方式、相互连接方式不同，整体的监督机制就会不同。我们可以将其归纳为三种基本的模式，第一种是权力监督为主的模式，这种模式的特点是要依靠权力制约去实现监督的目的；第二种是道德监督为主的模式，依靠社会道德的制约力去实现监督；第三种是权利监督为主的模式，以利益权衡来制约权力去实现监督。在不同的社会体制与历史背景下，这三种监督模式往往是存在两种或三种共同存在，在一种社会体制下，很少出现只有一种监督模式的情况。监督离不开制约，制约从某种程度上讲即是监督。

权力制约权力，把大的权力分割为小的权力，并且将这些权力分给不同的社会主体，各个社会主体之间是平等的关系，他们之间形成了一种监督与被监督的关系，这种机制的核心在于权力的划分。在任何一个权力机制中，将以权力制约权力作为监督体系的核心，将道德制约与权利制约作为权力制约的辅助和补充。

道德制约权力，是指以学习和教育的方式，把人类社会道德观念灌输到权力执行者的头脑中，要求官员内化道德信念，帮助树立正确的权力观，使他们能够以心中的道德观念抵制外界的诱惑，自觉地严格要求自己，以道德对人的内在约束力，从权力的源头杜绝权力的滥用。实现道德制约权力的基本途径是充分利用外在的社会道德评价社会公众舆论监督与内在的道德自律有机结合。所谓的以道德监督为主要的模型，适宜道德制约权力作为核心子系统，其他两种监督形式作为辅助。以道德制约权力，侧重于事先预防，其人性观基础是性善论。

以权利监督为主型，是指在一个社会的监督体系中，把以权利制约权力作为核心子系统，把权力制约与道德制约作为辅助或补充。权利是指法律赋予人实现利益的一种力量，与义务相对。一般说，权利的基础是精神，它们确定地位的出发点是意志。在整个社会的运行机制中，合理恰当地处置公民的权利，使公民的权利能够起到限制权力滥用的作用，公民权利制约权力的基础是民主制度的建立和完善，这样的监督方式与全民监督非常类似。

## 二、健全全民监督机制

社会舆论是公众表达利益诉求和行使监督权力的重要形式。人民群众参政议政的重要途径是我国人民当家作主的基本诉求，更是实现和谐社会的重要举措。

## 三、完善相关法律法规

在大力建设法治社会的今天，我国形成了以宪法为基础的庞大的法律体系，覆盖了生活的方方面面，党和国家大力倡导建设法治社会，建设法治政府，把权力关在法治的牢笼里，要做到有法可依，有法必依，执法必严，违法必究。首先，有法可依是基础，也是整个法律体系建设的基本环节和重要环节。对于社会体育组织监督管理方面，也应有完备的相关法律法规做支撑，做到有法可依。对于社会组织监督体系立法方面，要防止立法中的部门保护主义、地方保护主义和立法不公，防止把畸形的利益格局或权力关系合法化，应当从"成熟一部制定一部""成熟一条制定一条"的"摸着石头过河"的立法模式，向加强领导、科学规划、顶层设计、协调发展的立法模式转变。对于社会体育组织监督管理方面的规定，还存在着形式化，内容宽泛、不完整，跟不上社会组织实际发展需要等问题。完善浙江省体育类社会组织监督管理方面的规定，从以下几个方面入手：

第一，转变立法观念和立法模式。立法应当充分反映民意，符合社会发展要求，充分促进社会体育组织发展，合理调节利益冲突。一是应当以社会组织发展和当地的经济发展为重心，协调各方面经济利益，保证立法的公平性。从追求立法数量，忽视质量的立法观念，逐渐转变为追求立法质量，提高实效的立法观念。保证立法过程中的民主性，广泛听取社会各界的意见，保证法律对于社会组织发展的规划和引导作用。

第二，确立社会组织基本法的法律定位，同时注重与相关单行法的协调。社会组织基本法要以《宪法》之基本精神在社会稳定与公众期望之间找到平衡点，鼓励社会组织参与社会治理，充分构建完整的法律体系。立法从来不是单方面的事情，在立法过程中不仅要考虑宪法的主体地位，衡量社会公众期望，还要考虑被立法对象的社会发展需求。协调各个部门的立法工作，使得各个部门的立法工作可以统一推进，形成有效的衔接和内在联系。社会组织基本法，要有效的规定社会组织领域的共性问题，还要与其他法律相辅相成、相互协调。

第三，以完善浙江省治理体系和提升治理能力为目标，应从制度上促进社会组织在社会治理中发挥主体性作用，从而推进浙江省治理体系和治理能力的提升与完善。对于社会体育组织立法的过程中必须做到把社会体育组织与企业部门、政府机构、不同类型的社会组织划清界限；在社会组织立法过程中，要明确社会体育组织的权利和责任。这种权利和责任是不同于企业和政府机构的，同时也应该明确规定政府机构对于组织承担监督管理责任；确立社会组织的性质，规定社会组织是非营利性的，必须遵守社会组织非营利准则，遵守公共伦理和行业自律规范；保障社会组织为法律主体的合法权益，也保证社会组织所开展的活动不损害其他社会主体的权益。

## 四、健全社会舆论监督

社会舆论作为公众表达利益诉求和行使监督权力的重要形式，人民群众参政议政的重要途径，是我国人民当家作主的基本诉求，更是实现社会和谐的重要举措。随着经济的发展和物质生活水平的提高，信息化时代、网络经济共享时代已经来临。随着各种社交平台的发展，自媒体时代已经来临，每个公民都是社会舆论的一部分。我们应该建立共享信息化监督机制平台，充分利用信息化时代所带来的红利。

舆论，即公众的言论。我国《宪法》第35条明确规定："中华人民共和国公民有言论、出版、集会、结社、游行、示威的自由。"这是国家根本法为社会舆论监督提供的法律保障。在我国，社会舆论监督是指社会公众，包括新闻工作者，运用大众传播媒介，对引起广泛关注的社会问题，发表自己的意见和看法并形成舆论，从而对国家、政党、公职人员执行公共权力的行为提出批评和建议。社会舆论作为人民参政议政的一种形式，是具有民主性质的监督①。我国的社会舆论监督是将行政、立法、司法及一切社会性的决策和实施过程置于人民群众的理性监督之下，通过中国媒介机构实现对权力机关和权力人物的监督。从本质上讲，舆论监督是人民群众行使监督权的一种直接方式，具有其他监督手段无法替代的作用。当前，随着互联网尤其是移动互联网的快速发展以及微博、微信等通信形式的广泛应用，网络舆论监督在社会生活中发挥着越来越重要的作用，成为群众传递信息、参与社会事务的重要渠道。

社会舆论监督因其广泛性、深刻性、传播速度快、监督主体庞大等特性，在维护社会公平，调解社会矛盾，建设和谐社会等方面发挥重大作用。它能够将人们的注意力迅速聚焦，并形成巨大的社会压力，引起政府高度关注。社会舆论虽然没有像法律一样的强制力，却以其广泛的影响和监督主体的直接性，形成以权利制约的形式，让公民直接参与社会公共管理。现在每个人都能感受到自媒体等流行舆论监督的优势。影响较深刻的重大事件，往往都是从微博开始被广泛关注。微博方便忙于工作的年轻人及时关注新闻事件，并且是新闻事件的源头。另外还有一些媒体节目，如中央电视台的《焦点访谈》，报道和揭露社会敏感事件，以其广泛的知名

---

① 孙静、贺鹏：《对社会舆论监督必要性的认识》，《经营管理者》2012年第13期。

度，迅速引起大众关注。社会舆论监督主要有如下优势：①弥补传统监督方式的不足。社会舆论监督首先体现在弥补传统监督方式在权力监督上的缺陷。传统的监督方式是权力监督权力的方式，本机关内部上下级进行监督，或者是依靠其他机构进行监督，但这些机构都属于政府部门，很容易形成权利与权力的交换，或者相互妥协或者以获得更大利益为主要目的进行权利合作。社会舆论监督是通过大众的参与进行监督，有效弥补了传统监督方式进行权力交易的现象。②与社会舆论监督相比，传统监督在监督信息的来源上更具广泛性。传统监督中的监督机构，是靠发现和掌握充分的违法、违纪信息来履行职责，是一种被动形式的监督。社会众多的监督需求已经远远超越了传统监督方式在时间和精力上的限度。社会舆论监督中监督信息来源的广泛性、分散性，弥补了传统监督方式在监督个人身上出现的监督漏洞。对于新型的监督方式，社会舆论监督与传统监督方式相互适应、相互补充，形成监督的合力，有助于保障公民的知情权。社会舆论监督可以确保人民群众的知情权和提高人民群众参政议政的热情。社会舆论监督是通过人民群众的亲身经历反映政府工作中不合理的地方，正是广大人民群众参政的重要举措。社会舆论监督在政府的监督机构之外，在容易被忽视和被遗忘的领域起到了很好的曝光作用。

### 五、运用和规范互联网监督，健全监督信息共享机制

中国互联网已经形成规模，互联网应用走向多元化。互联网越来越深刻地改变着人们的学习、工作以及生活方式，甚至影响着整个社会进程。截至 2016 年 12 月，我国网民规模达到 7.31 亿人，2016 年全年新增网民共计 4299 万人。2016 年我国互联网普及率为 53.2%，比 2015 年年底提升 2.9%。2017 年我国网民规模达 7.72 亿人，互联网普及率达 55.9%。中国网民规模经历近 10 年的快速增长后，人口红利逐渐消失，网民规模增长率趋于稳定。在我国移动端网民数量方面，截至 2016 年 12 月，我国手机网民规模达 6.95 亿人，较 2015 年年底增加了 550 万人。网民中使用手机上网的人群占比由 2015 年的 90.1% 提升至 95.1%，提升了 5%，网

民手机上网比例在高基数基础上进一步攀升。2017 年我国手机网民规模达 7.39 亿人，网民中使用手机上网的人群占比由 2016 年的 95.1％提升至 97.8％。移动互联网发展推动消费模式共享化、设备智能化和场景多元化。网络已经融入我们生活的方方面面，为我们提供了信息共享平台，加快了经济发展和信息交流。庞大的网民数量中，农村网民占 27.4％，规模为 2.1 亿人，城市网民占 72.6％，规模为 5.31 亿人。我国城镇地区互联网普及率为 70％，农村网络普及率为 33.1％。截至 2016 年 12 月，浙江省网民规模为 3632 万人，互联网普及率为 65.6％。浙江省城镇网民规模为 2524.2 万人，占全省网民总数的 69.5％；农村网民规模为 1107.8 万人，占全省网民总数的 30.5％，农村网民所占比例高出全国平均水平3.1％。截至 2016 年 12 月，浙江省手机网民规模达到 3472.2 万人，占全省网民总数的 95.6％，高出全国平均水平 0.5％（见图 7 - 1）。可以看出浙江省网络覆盖率在 53％以上，尤其以杭州、宁波、金华等地覆盖率最高，杭州高达 80％，这对于建设和完善网络监督平台，打下了深厚的群众基础。

浙江省建立健全社会体育组织互联网监督机制需从如下几个方面入手。

首先，政府有关部门应该建立健全社会体育组织发展信息公示制度，对社会体育组织相关信息进行及时公示，在政府部门网站上建立群众监督反馈处，并安排专人负责；建立社会体育组织不规范经营举报邮箱，对群众的反馈及时处理，并进行邮件回复，对于举报属实的情况，要依法进行处理，并把处理结果进行公示，采取长效监督机制进行跟踪监督。

其次，充分利用微信、微博等自媒体平台，建立社会体育组织信息共享公众号和信息公布微博账号。随着微信的普及，微信公众号已经成为网民获取信息的重要途径。截至 2016 年 12 月，在众多手机即时通信软件中，浙江省网民使用微信和 QQ 的占比最多，分别为 93.7％和 83.5％。网民用微信浏览大众生活类、政府信息类微信公众号，占比分别为52.2％、46.2％。运用微信、微博等自媒体平台已经成为提高政府办事效率的重要手段。

最后，开发社会组织公共服务信息发布平台手机 APP。手机已经成为当下大众了解外界信息的主要媒介，在浙江省网民中，手机网民总数达到95.6％，网民规模达到 3472.2 万人。互联网监督共享机制的建设，离不开手机 APP 的开发，开发一款整合各类社会组织信息的手机 APP，不仅可以及时公布社会组织举办活动状况，还可以设置群众分享信息、反馈信息的专题栏目。这样使得各类信息透明化，使得政府、社会体育组织等部门真正实现便民和信息共享。

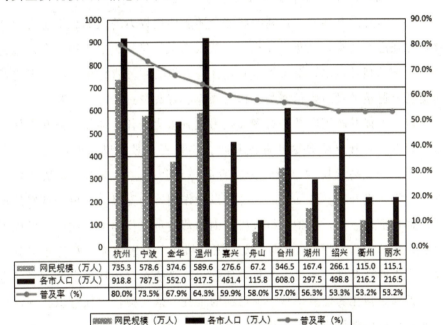

| | 杭州 | 宁波 | 金华 | 温州 | 嘉兴 | 舟山 | 台州 | 湖州 | 绍兴 | 衢州 | 丽水 |
|---|---|---|---|---|---|---|---|---|---|---|---|
| 网民规模（万人） | 735.3 | 578.6 | 374.6 | 589.6 | 276.6 | 67.2 | 346.5 | 167.4 | 266.1 | 115.0 | 115.1 |
| 各市人口（万人） | 918.8 | 787.5 | 552.0 | 917.5 | 461.4 | 115.8 | 608.0 | 297.5 | 498.8 | 216.2 | 216.5 |
| 普及率（%） | 80.0% | 73.5% | 67.9% | 64.3% | 59.9% | 58.0% | 57.0% | 56.3% | 53.3% | 53.2% | 53.2% |

图 7-1　2016 年浙江省分地市网民规模及互联网普及率[1]

## 六、明确监督部门职责，采用问责制

问责制，是指一级政府对现任该级政府负责人、该级政府所属各工作

---

① 注：数据来源：https://www.suilengea.com/wn/18/xagivnd.html。

部门和下级政府主要负责人在所管辖的部门和工作范围内由于故意或者过失，给行政机关造成不良影响和后果的行为进行内部监督和责任追究的制度。我国当前存在的问题大致可以分为同体问责和异体问责两种。异体问责是指第三方问责，不属于国家政府部门的机构组织或者个人对国家行政机关进行责任追究。异体问责的问责主体是本系统之外的社会公民、媒体大众、社会组织等。同体问责，就是本机构内部的责任追究制度。采用问责制需要做到以下几点。

### （一）加强思想教育，强化责任意识

权力本身没有利弊，权利的利弊会随着使用权力的人的思维意志而转移，加强思想教育，强化责任意识，从根本上杜绝权力的滥用。责任感是一种神圣的精神追求。对工作没有责任心，没有强烈责任感的人，不愿承担责任，避重就轻、敷衍塞责、作风漂浮、好高骛远、心浮气躁。存在身居其位，不谋其政等问题，有多大权力就有多大责任，加强权力和责任的联系教育，在其位就要尽其责谋其政。要把责任教育纳入党的宣传教育中，建立一支高素质的思想宣传教育队伍。强化责任意识，要从领导管理、队伍建设开始。各部门的领导要以身作则，为下级官员树立良好的榜样。强化责任意识，在整个行政机关内部营造负责任的工作氛围，形成主动负责任的工作习惯。"求真务实、团结协作、干事创业"是近年来党和政府推崇的重要方针政策，强化责任意识，必须在整个环境内形成责任意识的氛围。强化责任意识是一项长期的工程，落实强化责任意识教育，要长期在环境内部形成这样的环境。

### （二）建立良好的权力监督和制约机制

建立良好的权力监督制约机制，使权力在监督的笼子里。权力不受监督必会导致滥用，滥用的权力会给国家的政治、经济、文化带来毁灭性的打击。因此，建立良好的权力监督和制约机制，是问责制的重要环节。一是要健全审批制度，控制权力对资源的支配。改革行政审批制度，坚决取消缺乏法律法规依据的行政审批事项，要进行行政审批权的分解，规范审批程序，加强后续的监督，规范行政审批作为强化权力制约的重点。二是

要规范权力运行的程序。例如进行重大决策时，建立权力决策听证制度，让更多的社会公民参与权力决策，并将行政决策过程法律化、制度化、规范化，让权力在运行过程中受到监督。

**（三）构建严格的决策责任机制**

在我国，由于权力机关的决策是群体决策，一旦决策失误责任很难落实到个人，或者面对政府集体的时候，责任追究者为简化工作难度而会下意识地绕道而行，因此对于实行政府问责的时候，往往会有漏网之鱼。全国十届人大二次会议《政府工作报告》中指出，加快建立和完善重大问题集体决策制度、专家咨询制度、社会公示制度和社会听证制度、决策责任制度。要尽快建立科学合理的问责制度，决策方案实施责任制度，把任务落实到个人。要明确对于政府决策责任追究制度中的核心要素，健全决策责任追究制度程序，决策问责制应该包含追究的主体、追究的客体、追究的方式、追究的内容和追究的程序。问责主体根据法律法规的规定，实施责任追究可以是机构、政府部门或者个人，依照法律启动问责程序。依据责任类型的不同，问责主体也不同，一般可以分为同体问责和异体问责。问责的客体应当是政府主要决策行为的部门，包括各级政府和政府部门的授权组织。问责制，要把责任落实到个人，国家机关工作人员以及被授权的有决策权力的其他工作人员也包含在责任追究的客体范围之内。责任追究的方式因责任客体承担的责任类型不同而不同，决策责任可以分为政治责任、行政责任和法律责任。从这个角度来说决策责任方式也应包含政治责任方式、行政责任方式、法律责任方式。责任追究程序要依照法律法规的规定，科学合理并充分体现民主、谨慎原则。事实调查依据法律进行，科学合理查明真相，分清责任。

**（四）构建决策责任评估制度**

决策评估制度是指在决策实施过程中，运用科学的方法和手段对决策执行及其实施效果进行分析评判的制度。决策评估制度是促进决策改进和完善的有效机制。它通过一定的标准检验决策的科学性、正确性和有效性，实现决策执行效果的反馈，得出科学的结论从而为其他的决策提供借鉴，是提高行政决策水平与能力的重要手段。决策评估贯彻整个决策过程，对决策进行评估的过程，实际也是一个责任明确的过程。在决策活动的策划到执行的整个过程中，决策者和决策执行者根据自身的职责采取行动，同时产生责任。决策评估是对决策的科学性、合理性进行分析，对决策主体在整个决策过程中履行职责的情况进行评价。从这个角度来说，决策评价是决策责任机制运行的过程，是决策责任的认定和追究的前提条件，关系到决策者承担责任的类型和程度。

## 第三节　健全保障机制

### 一、提高社会体育组织自身的筹资能力

社会体育组织作为非营利组织，其资金来源难以通过市场机制来获得。为促进浙江省社会体育组织供给体育公共服务，需要不断拓展浙江省社会体育组织的筹资能力，形成多元化的资金筹集渠道。其一，需要重视政府作为资金来源的主渠道作用[①]。莱斯特·M.萨拉蒙主持的一项全球非营利组织比较研究项目的研究成果表明：政府是世界上绝大多数的非营利组织运行所需的资金主要渠道之一，政府所提供的资金平均占非营利组织运行经费的30%，美国这一比例达到了50%。在欧洲一些高福利国家这一比例高达60%—70%。由此可见，我国政府需要对社会体育组织供给体育公共服务给予资金支持。由此，浙江省社会体育组织需要从现有条件出发，积极处理好自身与政府的关系，将自身定位为体育公共服务的重要供给主体，在保证自身独立性的前提下与政府建立良好的合作关系，与政府就供给体育公共服务进行多样化合作。如在当前大力提倡政府购买体育公共服务的背景下，浙江省社会体育组织需要积极承接政府的体育公共服务采购订单或委托供给订单。又如积极说服政府制定相关的税收优惠政

---

① ［美］莱斯特·M.萨拉蒙：《公共服务中的伙伴——现代福利国家中政府与非营利组织的关系》，商务印书馆 2008 年版，第 121 页。

策，从而获得企业及个人的捐赠等。其二，可以通过多种方式、方法来获取社会上的企业及个人的资金支持。例如，一些有较强社会公信力的形象及体育公共服务能力的社会体育组织，可以与有志于社会公益的企业结成战略伙伴关系，获取企业的资金支持用以供给体育公共服务，而企业则在这一过程中获得良好的企业社会形象。其三，提高社会体育组织自创收入的能力。体育公共服务具有混合物品或俱乐部物品的鲜明特征，一些体育公共服务产品可以运用市场机制来加以供给。对于一些具有特定体育需求的人群，社会体育组织可以向其提供多样化的体育公共服务产品，由此获得会费收入等，进而补贴自身向社会大众供给体育公共服务的公益行为。社会体育组织需要提升自身的体育公共服务能力，选择符合自身优势的体育公共服务产品，向更广泛的人群提供更为多样的，具有俱乐部物品特性的体育公共服务，获得收益回报，从而用于自身发展。此外，具有一定资金的社会体育组织，可以采取资本运作的方式进行投资，获取一定的投资收益来保障自身资产的保值与增值，并坚持自身公益性的组织宗旨用于供给体育公共服务等社会公益事业。

## 二、完善组织内部治理机制

第一，要明确组织自身定位。社会体育组织完善组织内部治理机制，首先需要对自身的功能价值及目标使命具有明确的认识。就当前浙江省社会体育组织的发展状况而言，社会体育组织需要明确自身的定位。一是在政府职能改革过程中，承接政府的部分职能，协助完成政府与市场所不能或不愿意完成的社会体育公益事务；二是积极谋求获取政府给予的政策环境、资源等各类发展条件，在有效自律和多元主体监督的基础上，与政府建立沟通、合作的有效机制，切实履行体育公共服务重要供给主体的组织定位。

第二，社会体育组织需要依据自身独立性、非营利性、公益性等组织特性、宗旨以及愿景构建合理而完善的治理结构，包括组织宗旨、价值观、基本结构以及资源筹集及配置模式，并在此基础上形成现代非营利组织应有的战略管理、领导决策、财务管理、人力管理、志愿者管理机制及架构支撑。

第三，按照现代非营利组织财务管理制度的要求对社会体育组织内部财务管理制度进行建构。一是需要坚持社会体育组织运营盈余进行有效的分配约束，从而使运营盈余能够有效用于组织发展和公益，而不是被组织成员个人获得。二是对社会体育组织的财务支出结构进行有效管理，尽量避免不必要的财务支出从而保障用于体育公共服务供给的资金最大化。三是对于依托多样化渠道获取资金的社会体育组织，坚持账目公开制度，使得资金运行透明化，并接受政府、社会公众、企业、个人以及第三方监督机构的监督。

第四，需要建构良好的人力资源管理制度。就浙江省社会体育组织的实际情况而言，需要加大对志愿人员的人力资源管理，通过合理的招募、培训、使用、考核、奖励等人力资源管理举措获得高素质的体育志愿者。对于社会体育组织工作人员而言，需要进行岗位培训，例如在项目管理、活动管理、筹资管理、风险管理、法律知识等方面进行有效的培训。

## 三、建立社会公信力

因为社会体育组织的运行有赖于政府、企业以及社会公众等多元主体的资源投入，有赖于与政府、企业以及社会公众等多元主体形成良好的协作关系，所以为了供给高质量的体育公共服务产品，需要社会体育组织具有良好的社会公信力，并使其成为社会体育组织与政府、企业以及社会公众建立互惠、互助及互信的基础条件。其一，社会体育组织需要积极获得社会的广泛认可和行动参与热情，真正树立为社会公众服务的组织意识，建立与政府间的信息沟通机制。其二，社会体育组织需要对内部治理结构进行完善，强化组织的运行管理，在组织内部对组织的宗旨、使命、愿景形成认同，注重战略规划与实施，强化与政府、企业以及社会公众等多元主体的公共关系，对组织内部运作流程以及资金使用情况进行公开，自觉接受政府、企业以及社会公众等多元主体的监督，从而使"多元主体监督"真正落到实处。其三，社会体育组织需要秉持现代的组织营销观念，加大组织的对外宣传力度，树立组织正面形象。由此来化解政府、企业以及社会公众等多元主体对社会体育组织供给体育公共服务能力的怀疑，从而使社会体育组织能够顺利承接和供给体育公共服务。

### 四、加强政策法律支持

为了促进浙江省社会体育组织供给体育公共服务，需要政府加强对社会体育组织的政策法律支持力度。其一，对于社会体育组织的"双重管理体制"进行改革，转变为"准一元管理体制"，从而打破双重管理体制带来的种种弊端。对于基层社会体育组织或草根体育组织降低组织准入标准，简化登记程序，实施和扩大这些社会体育组织在体育、民政部门登记管理和街道办事处登记备案的"双轨制"。其二，现实中社会体育组织具有不同的类型，可依据社会体育组织的活动领域以及功能作用，将其划分为不同的类别，分别制定不同的法规条例以及相应的制度框架体系，实施不同的监管政策。其三，以法律的形式规定社会体育组织的一般制度，可以考虑制定具有浙江省地方特色的社会体育组织特别法，由此对社会体育组织运行依法进行监管。其四，对现行的《中华人民共和国捐赠法》等鼓励和支持社会体育组织获得社会资金的法规进行修订，明确企业、个人等捐赠社会体育组织的各项优惠政策，同时注重加大对各项政策法规的执行力度。其五，针对社会体育组织涉外活动、境外社会体育组织在华活动，以及新近涌现出来的网络社会体育组织、草根社会体育组织，构建和完善相应的法律法规，确保能够对这些社会体育组织依法管理。

### 五、基于契约构建体育公共服务合作互动机制

所谓契约是指政府通过签订协议等方式将部分微观的、具体性的公共服务职能转交给社会体育组织履行。就体育公共服务而言，政府与社会体育组织就供给某一体育公共服务产品达成相关协议，签订相关的购买合同，由政府通过财政支出、财政补贴等出资方式给予社会体育组织，而社

会体育组织则利用自身的人力资源、服务能力等来执行合同进行体育公共服务产品的供给。基于契约构建体育公共服务合作互动机制的理论基础是莱斯特·M. 萨拉蒙的"委托政府"理论①。政府为实现自己供给体育公共服务，实现社会公众利益的职能目标而将供给体育公共服务的任务委托给社会体育组织来承担，两者之间依托各自的比较优势形成了一种协作共赢的关系。政府负责出资，体育社会组织负责供给体育公共服务，从而使政府与社会体育组织两者的优势都能发挥出来。政府通过此举既能实现微观社会服务职能的下放与转移，又能达到提升体育公共服务供给效率、降低供给成本的目的；社会体育组织通过承接政府的体育公共服务供给职能，谋求到了自身发展所需的资源，因而这是一种双赢的合作格局。

# 第四节　建立评估机制

## 一、完善评估机制的制度供给

制度供给是社会体育组织的评估的核心环节，制度是指具有外部强制性的正式行为规则，制度包括宪法、法律、规定、条例、章程、政策等，其中宪法是根本大法，提供基本的秩序环境，后几者可以称为制度安排。制度供给是指制度供给者在给定的主观偏好、利益结构、理性水平、制度环境、技术条件等约束下，通过特定的程序和渠道创新和设立正式规则的过程。需要注意的是，制度是一种规则，但规则并不是制度，规则包括制度，还包括其他内容。由于制度的执行必须有一定的强制性，后期的落实也需要一定的保障，所以制度供给的主体只能是政府及有关权力部门，否则无法保证其强制性。学校、公司、单位等都可以规定自己的正式规则，也可以看作是正式规则的延伸。因为它们的制度不能与政府出台的正式规

---

① ［美］莱斯特·M. 萨拉蒙：《公共服务中的伙伴——现代福利国家中政府与非营利组织的关系》，商务印书馆 2008 年版，第 163 页。

则相违背，否则将会无效。政府包括中央和地方政府，政府是制度供给的唯一主体。

　　浙江省社会体育组织供给体育公共服务提供足够的制度支持，有关政府部门要本着从实际情况出发，符合浙江省社会体育组织发展，以科学合理、扶持为主的原则制定制度体系，真正为社会组织发展着想。制度的本身应该具有系统性、权威性、强制性、平等性、稳定性（其具体含义见表7-1）。制度制定也应该本着可执行性、可监督性、可衡量性、可运作性、具有一定弹性的原则，这样的原则保证了制度制定的规范性和公正性（其具体含义见表7-2）。

#### 表7-1　制度的特性

| 特性项 | 释义 |
|---|---|
| 系统性 | 任何制度都不能独立存在，它只能存在于组织管理系统的框架之内 |
| 强制性 | 任何制度都必须包括对违反者的惩罚条款，且对违反者强制执行惩罚，若不强制执行，制度将失去作用 |
| 平等性 | 任何制度都无例外，谁（规定的对象）违反，谁就应该受到惩罚 |
| 稳定性 | 制度发文执行后，应有一段稳定期。如在执行过程中发现尺度和标准已不符合实际情况，应明文修改或废止，然后颁布新的规定 |

#### 表7-2　制度制定的特性

| 特性项 | 释义 |
|---|---|
| 可执行性 | 任何条文都必须是可以执行的，不能执行的条文和法规应立即废止，否则将破坏规章制度的权威性 |
| 可监督性 | 任何规章制度在制定时都必须确定监测手段，以保证规章制度的执行，否则制度如同虚设 |
| 可衡量性 | 制度必须是可衡量的，即必须有明确的尺度和标准来判断是否违规，且这些制度和标准应尽可能量化 |
| 可运作性 | 即能形成一套完整的运作机制，具有配套的表单、奖罚措施，最终能闭合 |
| 具有一定弹性 | 因为没有任何一项规定可以精确限定一件事物，所以任何制度都应有一定的可调节程度，即具备一定的弹性。这种弹性是有限的、积极的、人性化的。设定弹性是为了提高效率，增加解决问题的可能性，而不是为了与制定制度的目的相对抗 |

## 二、制定合理评估指标体系

### （一）评估指标体系构建的设计原则

### 1. 科学性原则

科学性是任何指标体系构建的首要原则。一方面，我们在制定和筛选评估指标时都严格遵循科学性原则，同时要求入选的概念指标指向明确，具有较强的科学内涵并且能够度量和反映浙江省社会体育组织参与公共服务供给的基本情况。另一方面，评定的指标要能调动起社会体育组织参与体育公共服务供给的积极性、主动性和创造性，引导社会力量努力推动本地区相关体育事业的和谐发展。

### 2. 实事求是原则

按照研究目的确定评估指标体系的构建范围。指标是指对客观现象或事物的事实进行描述，但并不是所有的现象和事物都可以量化评价，特别是对于衡量社会体育组织参与体育公共服务供给的某些指标。不切实际的指标量化会适得其反，应从当地实际出发，选择一般指标和可变指标相结合的原则，把社会组织的普遍性和千变万化的体育公共服务有效结合起来。

### 3. 系统性原则

体育公共服务是一个较为复杂的系统，它由许多个子系统构成。因此，对于社会体育组织参与体育公共服务供给的评价也应该从整体出发，必须能较全面地反映和测量浙江省社会体育组织参与体育公共服务供给的主要特征。在具体操作过程中，按照系统论的观点，把整个指标体系细分为若干个子系统，采用分系统评价再整合的方式进行综合评价。每个子系统反映社会体育组织参与体育公共服务供给的一个侧面，将各个子系统加以综合，就可以完整地反映出浙江省社会体育组织参与体育公共服务供给的综合水平，也便于找出影响社会体育组织供给体育公共服务的原因，有针对性地采取措施解决存在的问题。

### 4. 可操作性原则

作为一个评估指标体系本质上是对现状作出准确评价的评价工具，因此浙江省社会体育组织参与体育公共服务供给的指标体系构建既应该考虑其高度复杂性，又要衡量其可操作性。在指标筛选过程中，考虑到未来实际调查和评价的方便，尽量挑选那些容易通过政府机关、科研单位和社会体育组织机构直接获得，或者容易通过统计资料分析、文献研究和抽样调查获得的可测性和可比性指标，不容易量化和操作的指标尽量少用或暂时不用。

**（二）评估指标体系构建的研究思路和方法**

**1. 研究思路**

第一，了解社会体育组织的基本构成和本质属性。社会体育组织主要是指体育社团（包括项目和人群协会）、体育民办非企业单位、体育基金会、自发性群众体育组织（包括健身活动站点、团队、网络组织等）以发展群众体育为目的的非营利性组织。由此可见，社会体育组织有一定的自利性和投机性，因此在指标设定前要仔细考虑在体育公共服务供给过程中可能会产生的各种冲突。第二，从体育社会学和社会公共管理的相关理论出发，分析社会体育组织与体育公共服务供给之间的相互关系。在此基础上辨析作为社会民营经济发达省份的浙江省社会体育组织参与体育公共服务供给的定义、理论依据和基本特征。第三，根据系统论演化原理，按照"理论-概念-操作化-指标"的程序，逐级划分出各个子系统的因子组成。最终构建一套与浙江省实际情况相对应的社会体育组织参与体育公共服务供给的评估指标体系。

**2. 研究基本方法**

**（1）文献资料法**

在维普、万方和CNKI等数据库查阅了大量与社会体育组织、体育公共服务供给和指标体系构建有关的论文和其他相关文献资料，了解国内外有代表性的社会体育组织参与体育公共服务供给的评估指标体系构建，分析它们之间的联系和差异，为提出合理的浙江省社会体育组织参与体育公共服务供给的评估指标体系框架提供科学的借鉴。

**（2）专家访谈法**

通过提纲式访谈，对具有较高学术造诣并熟知浙江省内社会力量参与体育公共服务供给的专家和相关社会体育组织负责人进行访谈，听取其对评估指标体系构建的原则、理论模型和目标模式以及经验预选指标集等的意见和建议，完善体系设计，删除辨别力不高或者重复的指标，充实和修正经验预选指标集，最后结合相关文献制订浙江省社会体育组织参与体育公共服务供给的评估指标体系的初稿。

（3）问卷调查法

按非随机抽样的原则，以相应的体育学、社会学专家和社会体育组织的工作人员为调查对象进行三轮调查获取浙江省社会体育组织参与体育公共服务供给的评估指标体系的最终框架。问卷通过特尔斐法进行两轮意见征询进行效度检验，所得相关系数为 0.83，信度检验通过小样本"测验-再测验"的形式进行，所得系数为 0.86，均符合社学会问卷调查的要求。

样本量的确定：根据国内著名社会调查专家蒋剑辉研究员的建议，考虑到调查费用、调查精度、调查对象以及调查问卷的回收率问题，课题组采取了抽样比确定法，在确保样本典型的前提下，最终选定了 30 个具有高代表性的样本量。

调查对象：调查专家主要从以下条件中选取。其一，具有副高级以上职称的社会体育学方面的专家；其二，在浙江省内社会体育组织从事一线工作达 3 年以上的相关负责人或工作人员。

本课题从杭州、宁波、温州、绍兴、衢州、丽水六市的具备以上两个条件之一的 30 位专家作为调查对象。具体分组如表 7-3。

表 7-3　专家选取情况

| 选取城市 | 选取对象 | 合计 |
| --- | --- | --- |
| 杭州 | 教授1人，副教授2人，社会体育组织人员2人 | 5 |
| 宁波 | 教授1人，副教授2人，社会体育组织人员2人 | 5 |
| 温州 | 教授1人，副教授2人，社会体育组织人员2人 | 5 |
| 绍兴 | 教授1人，副教授2人，社会体育组织人员2人 | 5 |
| 衢州 | 教授1人，副教授2人，社会体育组织人员2人 | 5 |
| 丽水 | 教授1人，副教授2人，社会体育组织人员2人 | 5 |

问卷设计：我们阅读了大量有关科研方法、社会体育组织以及体育公共服务供给等方面的书籍，做了充分的理论准备，并且参考统计学专家的意见，根据本研究的内容和目的，结合专家访谈法设计出了一份题为"浙江省社会体育组织参与体育公共服务供给的问卷调查"。

（4）实地观察法

在节假日和晚上等锻炼高峰时段，课题组部分成员深入到浙江省各个地区的社会体育组织活动站点，深入了解当地社会体育组织对体育公共服务供给的现实情况，通过实地考察为指标评估体系的构建获取第一手资料。

### （三）浙江省社会体育组织参与体育公共服务供给的评估指标体系构建

本课题在总体设计上遵循科学性、系统性和可操作性原则，主要采用了文献资料调研、专家访谈、问卷调查等研究方法，并且结合浙江省社会体育组织的具体实际情况，对从事社会体育组织工作的有关领导和工作人员进行广泛的调查研究。以此确立了浙江省社会体育组织参与体育公共服务供给的评估指标体系的基本内容，它由 17 个三级指标组成。在具体操作时，首先确定评价总目标（总系统层），即浙江省社会体育组织参与体育公共服务供给的总体水平，再由总目标分割成若干评价要素（准则层），然后再由评价要素延伸到评价的指标集（指标层），在整个指标筛选过程中，严格按照特尔斐调查法删除那些重复或辨别力不高的指标内容，最后集中各种指标的因果关系、顺序和隶属等关系，对各项指标进行级别划分、类别划分和关系划分，从而得到指标体系的递阶层级。详细步骤细分为以下四步骤。

步骤一：经验选择。经验选择法主要是对目前已有指标进行有目的的匹配分析和综合，选取适合本研究的客观指标。本课题研究所指的"指标"，是指社会体育组织参与体育公共服务供给的评估指标，它属于社会指标的范畴。因此课题组在经验借鉴、文献查阅和个别访问的基础上，从能够反映浙江省社会体育组织参与体育公共服务供给的关键内容入手，按照"理论-概念-操作化-指标"的程序，对浙江省社会体育组织参与体育公共服务供给的评估指标体系进行了经验选择，初步构建了浙江省社会体育组织参与体育公共服务供给的评估指标体系。在初稿中将其指标体系初步分为三个层次，第一层为总系统层，即浙江省社会体育组织参与体育公共服务供给的总体水平；第二层为准则层，它包括了浙江省社会体育组织参与体育公共服务供给的便利性、实效性、保障性和匹配性等四个指标；第三层为水平指数层，它主要包含了17个具体明确的可操作性指标。

步骤二：第一轮专家咨询。将第一步经验选择中初步构建的浙江省社会体育组织参与体育公共服务供给的评估指标体系编制成调查问卷，并且发放给选定的30位专家。选取的专家范围分布在以杭州、宁波、温州、绍兴、衢州、丽水为代表的浙江省各个区域情况。由于调查范围较大，为提高调查精度，问卷的发放方式采取先邮寄再分发或邮寄和送发相结合的调查方式，且规定问卷中各指标的赋值量分别为：①不重要；②一般；③重要；④较重要；⑤很重要。然后是问卷回收，对所获得数据进行数理统计分析，处理方法可选用峰值法、人数比重法、四分位法和均值法等。本研究根据研究对象最终采取的是四分位法，根据平均分差数保留数值较大的指标，淘汰平均分差数值较小的指标。经对比，准则层的四大指标均符合社会统计学要求，无需指标删除。而指标层有两个指标不符合要求被删除，第一是实效性里的社会体育组织自我评价，第二是保障性里的社会资本捐赠。专家认为这两个指标的辨别力较低，故删除。

步骤三：第二轮专家咨询。在第一轮专家咨询的基础上，根据专家们所给的意见进行相关处理，并对初始指标体系中的某些指标进行微调，开始进行第二轮专家咨询。此轮问卷调查仍延续第一轮的方式，发出30份调查问卷，共回收调查问卷27份，有效回收率达90%，表明专家对此调查研究还是非常重视的。然后再对第二轮问卷所得数据进行相应的处理，结果表明第二轮的专家意见已经基本一致，所以浙江省社会体育组织参与体育公共服务供给的评估指标体系就此确定下来，是一套"三级叠加、逐层收敛、规范权重、统一排序"的评估指标体系。

步骤四：第三轮专家咨询。经过对前两轮专家调查，已经确定了浙江省社会体育组织参与体育公共服务供给的评估指标体系，所做的第三轮专家调查主要是获取意见趋同的预期效果，为指标体系的科学性奠定基础，由此形成了浙江省社会体育组织参与体育公共服务供给的评估指标体系（见表7-4）。

**表7-4 浙江省社会体育组织参与体育公共服务供给的评估指标体系**

| 总系统层 | 准则层 | 指标层 |
|---|---|---|
| 浙江省社会体育组织参与公共体育服务供给的总体水平 | 便利性 | 社会体育指导员信息的获取情况 |
| | | 社会体育组织健身活动站点获取情况 |
| | | 社会体育组织活动站点的就近性 |
| | | 服务等待时间 |
| | | 社会体育组织供给由封闭型向网络型发展 |
| | | 交通网络的发达程度 |
| | 实效性 | 体育爱好者接受服务的时间 |
| | | 体育爱好者接受服务的数量 |
| | | 体育爱好者对其的信任度 |
| | | 服务质量满意度 |
| | 保障性 | 社会体育组织数量 |
| | | 社会体育组织每周开展活动次数 |
| | | 社会资金的投入 |
| | | 社会体育指导员的支持 |
| | | 政府的支持 |
| | 匹配性 | 社会体育组织供给项目与需求匹配度 |
| | | 公共体育服务标准的吻合度 |

## 三、建立第三方专业评估队伍

### （一）应从法律上明确第三方评估的地位

通过制度的形式详细规定第三方评估主体的权利和义务，第三方评估成为社会组织评估体系的必要组成部分。没有明确的法律地位，三方评估难以真正得到实质性的支持，作用也无法得到充分的体现。

**（二）在具体的程序上设置第三方参与的"入口"**

第三方评估成为社会组织评估的基本环节。创新第三方评估模式，建立多种可适用于不同场景发展阶段的社会组织的评估模式。现在主流的评估模式是高校专家评估模式，这是由各高校专家组成的第三方评估模式，这样的队伍具有高度的专业性、丰富的理论支撑性、解决问题的深入性等，这种模式为体育类社会组织发展提供指导性的评估模式。高校专家评估模式在浙江省已经得到应用，例如，杭州市政府邀请浙江大学亚太休闲教育研究中心对首届世界体育博览会的工作进行整体评估。专业的公司评估模式，这是由专业的社会组织作为第三方参与政府设计评估的模式。依托具有专业评估资质的社会组织，对体育类社会组织进行评估，具有较强的可信度。例如，杭州市上城区邀请市质量协会用户评估中心对区政府各项部门进行评估。民众参与评估模式，这是普通民众随机或自由参与评议组织工作的模式，工作模式的呈现可以是普通的问卷调查、集中的网上评议或者有关部门进行电话调查等模式。

**（三）建立第三方评估机构的题选机制**

通过公开招投标的竞争方式，确定第三方评估机构，提高评估工作的专业性、规范性和科学性。

**（四）加强对第三方评估机构的监督和管理**

第三方评估机构具有一定的科学性、专业性和规范性。第三方评估机构毕竟处在社会组织外部，对社会组织的了解和对政府进行社会组织评估的认识会有偏差，要完善对第三方评估机构的监督和管理，确保社会组织评估结果的公平性和有效性。

# 第八章 浙江省社会体育组织供给体育
# 公共服务的模式

　　城市社会体育组织能够参与体育公共服务,已经成为社会的共识。但从实践来看,体育行政部门向社会体育组织购买体育公共服务进程不快、力度不够,城市社会体育组织参与体育公共服务的作用没有很好的发挥出来。如何培育和扶持城市社会体育组织,广泛调动社会体育组织参与体育公共服务的积极性,充分利用丰富的组织、技术、人才资源等优势,为广大市民提供多元化、多层次体育服务刻不容缓。其中,社会体育组织参与体育公共服务的发展模式是亟待解决的问题[①]。

## 第一节 浙江省社会体育组织供给体育
## 公共服务的模式的现实条件

### 一、体育公共服务投入和形式不断加大和优化

　　伴随着浙江省国民经济持续快速发展,浙江省有关公共服务的财政投入也在逐年加大。统计数据显示,2016 年,浙江省一般公共预算支出6976 亿元,比 2015 年增长 4.8%;其中,一般公共服务、公共安全、教育、科技、社保就业、卫生计生、节能环保、城乡社区等 8 项民生支出4873 亿元,比上年增长 14.4%。在浙江省公共服务投入不断加大的同时,

---

① 刘明生:《城市社会体育组织参与体育公共服务的发展模式研究》,《南京体育学院学报》2012 年第 4 期。

体育公共服务投入的数量和形式也在不断加大和优化，例如，在 2016 年，浙江省财政厅发布的《浙江省政府向社会力量购买服务指导目录（2016 年度）》中，"文化体育"的内涵也得到了进一步丰富和细化，由之前的 3 项增加至 33 项；2017 年 2 月浙江省体育局、浙江省体育总会在《2017 年浙江省群众体育工作要点》中提出要"明确政府购买公共体育服务（群体类）项目，落实购买省级各类体育单项协会赛事、培训等公益活动 300 项①；2016 年浙江省文化厅、省财政厅、省新闻出版广电局、省体育局制定的《关于政府向社会力量购买公共文体服务的实施意见》正式颁布，进一步规范购买体育公共服务模式。

## 二、区位优势

浙江省地处东南沿海长江三角洲（简称长三角）南翼，是世界第六大城市群的重要组成部分，在中国地理上"溯江临海、承东启西、接南济北"，具有独特的区位优势。主要体现在两个方面：第一，长三角是中国经济最活跃的地区，经济社会发展走在全国前列。特别是上海和江苏，其全民健身事业总体水平处于全国前列，到 2011 年上海逐步建立起具有地方特色的全民健身服务体系，人均体育场地面积达到 2.6m²，基本满足市民体育健身需求，经常参加体育锻炼的人数比例达到 46%，上海市民的身体素质综合指数位列全国第一，重点推进"全民健身 365"工程和"30 分钟体育生活圈"建设，并于 2009 年和 2011 年分别提出建设国际体育知名城市和国际体育强市的战略目标。江苏省在全国率先提出打造城市社区"10 分钟体育健身圈"，提出了全民健身公共服务区域均衡发展和完善体育教育联席会议制度的要求，进一步加强体教结合；2013 年 12 月国家体育总局和江苏省人民政府共同签署了《建设公共体育服务体系示范区合作协议》（以下简称《协议》），合作目标是以保障广大人民群众基本体育权

---

① 群众体育处：《浙江省体育局浙江省体育总会关于印发〈2017 年浙江省群众体育工作要点〉的通知》，2017 年 2 月 21 日，见 http://zfxxgk.zj.gov.cn/xxgk/jcms_files/jcms1/web42/site/art/2017/2/21/art_3076_1695170.html。

益为出发点，以政府为主导，加强公共体育服务职责，加大政府购买服务力度，有效扩大公共体育服务供给。通过开展合作，推进体育事业改革创新，加强城乡统筹，突出软件建设，推动江苏省在全国率先建成功能明确、网络健全、城乡一体、惠及全民的公共体育服务体系示范区，充分发挥典型的示范、影响和带动作用，为我国公共体育服务体系建设探索经验、提供示范，推动公共体育服务体系建设科学发展。这一崭新模式的开展将对浙江省完善基本公共体育服务体系产生辐射和带动作用。由于两省的地缘优势和经济发展程度接近，江苏省体育行政管理方式创新，公共体育服务体系规划设计、标准制定、政府投入、绩效评估等将对浙江省有借鉴和启示作用。随着上海市和江苏省公共体育服务体系建设步伐的不断加快，其巨大的集聚和辐射能力，将直接推动长三角地区全民健身事业持续、快速、健康发展，而浙江省作为长三角的一部分，无疑会面临着巨大的机遇，可以促进浙江省公共体育服务体系发展[1]。第二，从长三角内部来说，随着"高铁时代"的到来，长三角区域位居世界基础设施前沿的"高铁城市群"初步成型，推动了长三角"同城效应"的形成，同时，跨海大桥的建成，使江浙沪经济距离大大缩短，联系更加紧密。2008年"长三角一体化"上升至国家战略层面，为长三角体育圈的形成和长三角全民健身大联动的开展创造了条件。浙江省全民健身事业与上海市、江苏省互通有无、取长补短。同时，浙江省全民健身事业的发展与江苏省有着不一样的资源和优势，江苏省的发展主要是"沿江"，建设了沿江体育带，而浙江省面临大海，依据独特的海洋优势制定了《浙江省海洋体育发展规划（2011—2020年）》，开展了海洋运动会和滩涂运动会。

### 三、社会体育组织数量较多，体育公共服务能力较强

浙江省推进社会体育组织供给体育公共服务，其基础在于社会体育组

---

[1]　王占坤：《浙江省公共体育服务体系建设研究》，博士学位论文，福建师范大学体育学院，2015年，第38页。

织数量及其体育公共服务能力能够予以支撑。通过多年发展，浙江省特别是浙江省内的杭州、温州、宁波等地市的社会体育组织数量较多，体育公共服务能力较强的特点逐步显示出来。依据 2017 年年初浙江省体育局公布有关数据：截至 2016 年浙江省共有体育社团 2148 个，较 2014 年增长 22.3%[①]。根据我们对杭州市体育局群体处获得的数据，在 2010 年，杭州全市 68 个街道、128 个乡镇、746 个社区、2160 个行政村中 100%建立了老年体协组织，在浙江省率先实现了基层老年体育组织全覆盖。温州瓯海区 2012 年成为首批省级体育现代化区试点单位，瓯海已有 22 个单项体育协会，各类分会 70 多个，社区体育社团组织 120 余个，实现所有社区全覆盖。每年全区各级各类体育社团举办、承办群体赛事活动 100 场次以上。在杭州、温州、宁波等地市推进社会体育组织供给体育公共服务具有良好的群众基础。但是不容忽视的是，现实中还存在众多制约因素致使浙江省社会组织尤其是文体组织总体偏弱，问题颇多[②]。

## 四、已有模式的借鉴

国外社会体育组织供给体育公共服务的多种模式，现有的浙江省社会体育组织供给体育公共服务的模式都给我们以启示和借鉴，有利于我们提出更适合浙江省社会体育组织供给体育公共服务的发展模式。

## 第二节 浙江省社会体育组织供给体育
## 公共服务模式的阶段特征

### 一、非成熟态

非成熟态的体育组织的成立不是为了实现经济利益，而是一种兴趣使

---

[①] 方堃、詹成芳：《浙江破体育社团"倒金字塔"结构 1438 万促实体化改革》，2017 年 1 月 12 日，见 http://www.chinanews.com/ty/2017/01-12/8122571.shtml。

[②] 童章成、金波：《浙江社会组织发展中的问题及政策思路研究》，《杭州师范学院学报》2005 年第 4 期。

然，没有成立专门的指导机构提供专业人员的指导，我国社会性质的体育团体正处于初级发展阶段，没有成熟的经验进行活动指导。很多人员参与到团体中是为了减少运动的孤寂感，没有期望得到专业的指导，这样就导致没有形成强烈的专业指导意识。从整体上来看，我国各类社会体育团体缺少专业的人员指导，没有形成专业的管理形式，对参与人员未能进行专业的指导，帮助他们进行更好的体育锻炼①。

## 二、非自组织化

随着群众体育发展模式逐渐向多元化模式转变，对群众体育的供给也开始呈现出由政府包办服务向社会化转型的趋势。目前的现实状况是浙江省绝大多数的体育公共服务是由政府提供的，体育公共服务自治化程度还很低。这种政府包办的运作方式效率低下，也不利于调动社会群体参与体育事业发展的积极性。从发达国家的经验看，在体育公共服务供给的问题上政府责无旁贷，各种社会公益性体育组织的参与则更为重要，政府通过采购、补贴的方式发挥市场供给体育公共服务的作用，也是非常好的办法。

## 三、没有明确的法律地位

虽然浙江省社会性质的体育组织数量众多，但是它们大都没有明确的法律地位，百分之九十以上都没有在政府相关部门登记，没有合法的地位。我国相关的法律政策对这些没有合法地位的社会团体的规定是进行处罚或取缔。目前很多体育组织担负着一定的民间体育活动或是比赛的组织和开展，这样的政策阻碍着社会性质体育团体的发展和壮大，这样的法律形式也阻碍着全民运动的发展。

①　李甜：《全民体育视角下城市社会体育组织构建发展研究》，《赤峰学院学报》2016年第12期。

## 四、处于探索发展形成期

因为处于转型期，体育公共服务需求高速增长趋势与社会发展实情构成了供需矛盾，所以必须将社会体育组织融入到体育公共服务中。

## 第三节 浙江省社会体育组织供给体育公共服务的模式选择

本书依据前文研究结果，结合浙江省的实际情况提出以下四种浙江省社会体育组织供给体育公共服务的模式。

## 一、基于服务链的政府向社会体育组织购买体育公共服务模式

基于服务链的政府向社会体育组织购买体育公共服务模式，是针对浙江省现有的政府向社会体育组织购买体育公共服务模式的劣势进行修订和改造所形成的一种模式。该模式是由政府与单一社会体育组织形成的供需双主体结构，转化为独立评估方、公众等多元主体结构；由供—需线性关系变成需求调查—需求发布—竞标供给—效果评估—服务反馈的链式结构（见图8-1）。

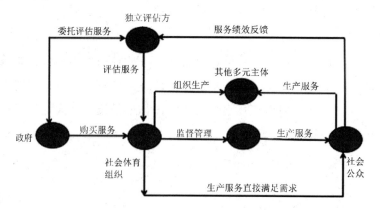

图 8-1 基于服务链的政府向社会体育组织购买体育公共服务模式

## 二、基于社区合作的社区与社会体育组织合作供给体育公共服务模式

基于社区合作的社区与社会体育组织合作供给体育公共服务模式，是针对浙江省现有的社区与社会体育组织合作供给体育公共服务模式的劣势进行修订和改造所形成的一种模式（见图 8-2）。

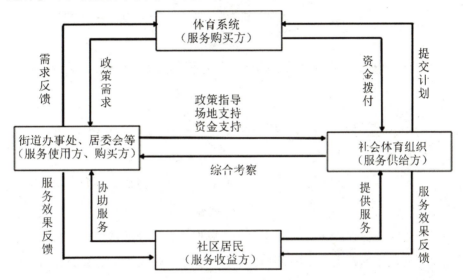

图 8-2　基于社区参与的社区与社会体育组织合作供给体育公共服务模式

## 三、基于跨部门联盟的社会体育组织与企业合作供给体育公共服务模式

基于跨部门联盟的社会体育组织与企业合作供给体育公共服务模式，是针对社会体育组织与企业合作供给体育公共服务模式的劣势进行修订和改造所形成的一种模式（见图 8-3）。

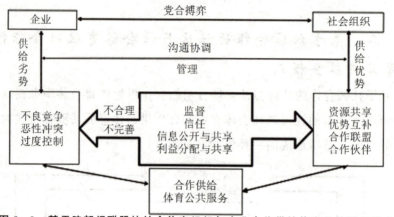

**图 8-3　基于跨部门联盟的社会体育组织与企业合作供给体育公共服务模式**

## 四、基于"互联网＋"的社会体育组织供给体育公共服务模式

当今社会已经进入到"互联网＋"时代，体育领域也在积极倡导依托"互联网＋"进行体育公共服务供给的创新，浙江省"互联网＋"较之全国已经走在了前列，体育领域应用"互联网＋"已经取得了一定成效。在相关研究成果基础上①，本课题提出了基于"互联网＋"的社会体育组织供给体育公共服务模式（见图 8-4）。

---

① 褚萍萍、丁严贺：《"互联网＋体育公共服务"供给创新模式研究》，《当代体育科技》2017 年第 4 期。

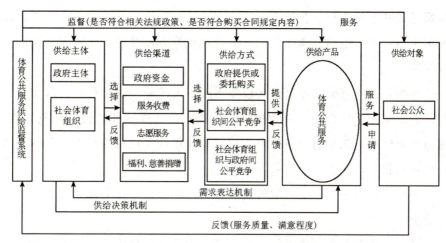

图 8-4 基于"互联网＋"的社会体育组织供给体育公共服务模式

## 第四节 浙江省社会体育组织供给体育 公共服务模式的实施路径

### 一、基于服务链的政府向社会体育组织购买体育公共服务模式的实施路径

**(一) 进行系统改革**

其一，将政府向社会体育组织购买体育公共服务与政府行政体制改革、社会组织管理体制改革和事业单位改革等进行系统统筹。政府向社会体育组织购买服务关键是厘清政社关系，应加快形成政社分开、权责明确、依法自治的现代社会体育组织体制。

其二，在政府购买体育公共服务之外，还应该扶持社会体育组织进行体育公共服务供给能力建设。着力解决长期存在的认识偏差、资金人才匮乏、能力不足的问题。其中，转变政府和社会的观念是前提，解决社会体育组织的人才缺乏难题是关键，促进社会体育组织间的公平竞争是保障。

其三，建立政府购买体育公共服务所需要的配套制度，选定项目、公开招标、资质认定、招标管理、过程管理、社会监督、绩效考核、结算兑现都是最基本的流程。我们必须认识到"购买"只是其中的一个环节，在购买主体、购买范围、承接对象、监督兑现等方面都应有系统和规范的制度保障。

其四，将政府购买体育公共服务支出纳入统一的预算科目。落实税法对社会组织企业所得税、营业税（增值税）免征或减征的税费减免政策，保障社会体育组织享有会费收取、政府委托培训等项目的税收减免待遇和捐赠税前扣除待遇。

其五，政府需要建立科学的定价机制，充分考虑社会体育服务的人力资源成本。

其六，建立公众评价机制，引进第三方独立监督机制，对资金流向实行过程控制。同时健全社会组织第三方评估机制，推进社会组织信息公开，完善社会监督举报受理机制，拓宽社会监督渠道。此外，还要建立准入机制，以服务质量为主，确保专业的社会体育组织承接服务。

其七，应建设政府购买体育公共服务的统一信息平台，介绍拟购买体育公共服务项目的基本情况和服务要求，让所有社会体育组织能够在充分了解政府需求的情况下公平竞争。同时要看到政府购买体育公共服务所涉及的政府主体层级多、部门多，面临多头管理的问题，因此应促进不同政府层级和不同部门之间的协同管理。

**（二）加强社会体育组织的能力建设**

一是对社会体育组织要制度松绑，简政放权，激发活力。二是解决社会体育组织的人才和资金难题，政府购买体育公共服务应加强社会体育组织的人才岗位保障和建设志愿人员的长期参与机制。

**（三）建设与培育枢纽型社会体育组织**

对于基于服务链的政府向社会体育组织购买体育公共服务模式，需要着重建设和培育有服务集成功能的枢纽型社会体育组织。枢纽型社会体育组织在发现体育需求、对接信息、整合资源、组织实务性和草根型的小微社会体育组织参与服务生产、建立规范、实施培训、监督绩效等方面有独特优势，可以成为供需信息的汇集中心、社会资源的整合中心、专业服务的管理中心。通过枢纽型社会体育组织可以形成体育公共服务链，集成多方资源为小微社会体育组织和草根社会体育组织提供支持，促进其供给体育公共服务。

## 二、基于社区合作的社区与社会体育组织合作供给体育公共服务模式的具体实施路径

### （一）形成社区体育公共服务需求显示机制

社区社会体育组织高效地提供社区体育公共服务，重要前提是真实把握社区居民的体育公共服务需求，有针对性地提供服务。因此，必须确保社区居民的话语权和知情权，建立反映社区居民体育公共服务需求的信息平台，拓宽社情民意反映渠道。社区社会体育组织可以通过社区论坛、社区对话、民情信箱等反映渠道，强化社区居民在体育公共服务需求中的发言权。在与社区居民切身利益密切相关的体育问题或重大体育公共服务项目上，要让社区居民最大限度地表达自身的利益诉求，以增强社区体育公共服务供给的针对性、实效性。同时，社区社会体育组织要完善接收社区居民表达信息的流程，提高自身的信息收集、整理与综合分析能力，并提出具体的解决方案。

### （二）构建与社区居民交流互动的多重机制

在社会体育组织参与提供社区体育公共服务的全过程中，始终与社区居民保持顺畅而充分的交流沟通，这是提高公共服务供给实效和质量的重要保证。在提供公共服务之前，社区社会体育组织成员就应该深入社区，积极与社区居民进行交流，了解他们的实际需求，然后反馈到社会组织内部进行总结，积极寻求解决方案。在社区社会体育组织开展公共服务活动过程中，应该加强与社区居民的交流互动。这样不仅可以盘活有利于公共服务活动开展的社区人力资本和各种社会资源，而且可以趁机向社区居民展示本组织的活动宗旨和良好形象，从而赢得社区居民更多的信任和支持，进一步调动社区居民参与相关体育公共服务活动的积极性，壮大本组织的群众基础。社区社会体育组织在提供公共服务活动终结之后，与社区

居民交流互动能够客观了解服务活动的实际效果和存在的不足，这对于改进后续的服务亦非常必要。由于社区居民所需要的体育公共服务多种多样，同时社区内的社会体育组织也存在专业能力的局限，因而社区需要多元主体参与体育公共服务供给的协商对话机制，旨在与社区内的多个社会体育组织及时进行信息沟通、行动协调，有利于社区内的社会体育组织供给体育公共服务。同时该协商机制的主体也应包括社区居民主要是特定的社区居民群体。如老年人群体等，这些社区居民群体有着自身个性化的体育公共服务需求，需要通过协商对话机制，将自身体育公共服务需求合理表达，从而获得相关体育公共服务。

**（三）健全社区体育公共服务供给准入与退出机制**

从严格意义上讲，探讨社会体育组织参与提供社区体育公共服务的长效性，首先须核定社区社会体育组织作为社区体育公共服务供给主体的资质的正当性及其体育公共服务活动的合法性。目前，鉴于浙江省社区体育公共服务供给存在巨大缺口而社会体育组织数量较少的省情，不应对社会体育组织过于求全责备，而应积极鼓励它们尽己所能，通过一切可能的形式为社区居民提供体育公共服务。在体育公共服务准入标准上，凡是有一定的体育公共服务能力且与社区居民利益密切相关并为社区居民喜闻乐见的社会体育组织，政府和社区居委会都应该允许其进入社区体育公共服务供给领域。在体育公共服务准入模式上，政府管理部门要降低门槛，由原先"重登记、轻监管"的老模式向实施"宽进严管"的新模式过渡。应按照相关法律法规，对未经批准成立但已经提供体育公共服务的社区社会体育组织及其活动进行评估达标检验，并先给予登记，然后再限期改进，注重"事中培育发展"和"事后依法监管"。应在社会体育组织参与提供社区体育公共服务供给中引入招投标制度，事前按照准入标准实行资格审查。同时，对于那些缺乏履行职能的资质和能力的社会体育组织，应引导其退出社区体育公共服务领域。

**（四）健全社区体育公共服务内容选择机制**

对于那些具备体育公共服务资质和体育公共服务能力的社会体育组织

而言，其在提供社区体育公共服务时应该根据自身特点和优势，科学择定体育公共服务的具体内容。社区居民的体育公共服务需求具有多样性、复杂性的特征，而每个社区社会体育组织都有各自的优势和不足，其体育公共服务的指向性和覆盖面必然应有所选择和限制。各社区社会体育组织应该强化自身优势，发挥自身特色，精益求精，提供"虽不全面但却精彩"的公共服务。此外，社区社会体育组织还要注重培养品牌意识，通过举办具有品牌效应的体育公共服务活动，塑造本组织的良好形象，提升本组织在公众中的美誉度和影响力。

**（五）实施社区体育公共服务供给决策与机制**

社会体育组织参与提供社区体育公共服务，应坚持"事前征求意见、事中集体决定、事后接受监督"的决策实施程序，以运行程序的公开性和规范性进一步增强本组织体育公共服务供给决策及其实施的透明度和实效性。社区社会体育组织在提供什么样的体育公共服务、向谁提供体育公共服务、怎样提供体育公共服务等重大决策过程中，要摒弃家长制作风，坚持民主决策，以公正公开、民主协商的方式处理内部事务，由组织成员按照民主集中制原则实行公共选择，自主、共同决定社区体育公共服务的供给类型、供给对象、供给规模、供给方式等，不折不扣地将集体决策付诸实施。对于组织领导机构健全的社区社会体育组织，要充分发挥会员大会、理事会、监事会的作用，做到各个部门相互牵制，把体育公共服务活动置于全体组织成员和社区居民的监督之下。对那些组织领导机构不健全，甚至连理事会都没有的社区社会体育组织，在提供体育公共服务时可以根据社区居民反映的意见和需求进行提供，对于服务活动的规模、场所可以与社区居委会商定，并接受社区居委会的监督。

**（六）建立资源整合与成本分担机制**

鉴于多数社区社会体育组织自有资源不足、服务能力屡弱，因此，通过有效整合本社区乃至临近社区的人力资源、土地资源、制度资源以及基础设施等各种资源，是社区社会体育组织参与提供社区体育公共服务的必然选择。当然，社区社会体育组织整合社区资源的目的不是为了一己之私，而是为了提高本组织的服务能力，更好地为社区居民服务。

成本分担是指体育公共服务成本由谁支付以及如何支付。社会体育组织参与提供社区体育公共服务的成本主要有公共服务设施、活动场地、运行经费等，这些成本应该由政府、社区居委会、社区居民和社区社会体育组织共同承担。具体而言：其一，对于活动场地，可以由社区社会体育组织和社区居委会共同分担。社区社会体育组织开展活动所需要的场地应该和社区居委会协商，根据社区居委会的安排进行使用。其二，对于运行经费及体育设施的购置，可以通过政府补贴、组织自筹、社会捐赠等方式共同分担。社区社会体育组织在不影响公益性动机的情况下，还可以采取部分有偿服务的方式，来弥补体育公共服务成本。其三，对于社区社会体育组织所拥有的体育设施的折旧费、维修费等，应该按照"谁受益谁负担"的规则，主要由社区居民承担。

### （七）健全信息披露与监督制约机制

健全的信息披露与监督制约机制，对于提升社会体育组织的公信力和美誉度具有极为重要的意义，也是其正常运作和健康发展的必要保障。

首先，社会体育组织必须建立健全信息披露制度，定期将组织的基本信息、经费收支情况、服务内容、收费项目与标准、年度工作目标及执行情况、年检工作报告书等信息，及时、真实、完整地对外披露，以便于政府、社区居委会、社区居民及其他利益相关者进行监督。信息披露的形式和途径以实用方便为原则，可通过宣传栏发布、上墙公示、网站发布等方式对外公开。

其次，要建立健全监督制约机制，坚持外部监督与内部监督相结合。外部监督，主要是通过区、街道以及县乡政府主管部门、社区居委会和社区居民进行监督。区、街道以及县乡政府主管部门、社区居委会不仅要对社会体育组织的机构建设、规章制度、服务效果等方面进行监管，也要对社区社会体育组织的日常运行状况进行有效监督和指导。社区居民作为直接受益者和参与者，最有权力也最能有效地监督社区社会体育组织。社区居民应该发挥主人翁精神，主动通过宣传栏、互联网等信息平台对社区社会体育组织提供体育公共服务的内容和效果进行监督。对于社区社会体育组织存在的问题，社区居民可以通过直接交流或书信、邮件方式予以批评指正。内部监督，主要是发挥监事会和组织成员的作用。监事会主要负责监督组织的日常经营活动，重点是财务工作，对于违反法律法规和有损组织利益的行为，监事会应及时予以制止和纠正。组织成员的监督主要是对组织的社务公开、财务公开进行监督，及时了解组织的运行状况和服务效果，共同商议和解决问题。

### （八）建立常态化社区体育志愿服务机制

社区与社会体育组织合作供给体育公共服务模式更需要体育志愿服务来加以支撑。政府对于社会体育志愿队伍发展进行有效的规划、指导和协调工作。鼓励具有良好条件的社区建立体育志愿组织，其中社区居委会作为基层社区居民的自治组织，需要承担动员、组织体育志愿服务以及建设社区体育志愿者队伍的职责，需要制定和完善体育志愿者的招募、登记注册、培训管理以及服务记录等制度，鼓励体育志愿者组织能够依据社区居民体育需求供给多样化的体育志愿服务。

### （九）发挥和完善社区居委会的协调机制

社会体育组织在社区范围内供给体育公共服务，需要与社区学校、业委会、物业公司等其他社会组织进行协调合作，解决利益冲突和矛盾问题。社区居委会作为社区自治组织，应当积极发挥协调作用，协调各方利益，促成各方进行合作，促进体育公共服务供给。

## 三、基于跨部门联盟的社会体育组织与企业合作供给体育公共服务模式的具体实施路径

### （一）扫清制度障碍，促成社会体育组织与企业合作

当前社会体育组织与企业合作供给体育公共服务模式在制度层面存在障碍。例如，目前浙江省规定一些地市政府向社会体育组织购买体育公共服务过程中，社会体育组织不能进行转包或与其他主体进行合作联合供给。又如，企业对社会体育组织供给体育公共服务进行捐赠，不能获得有

效的捐赠税收减免政策等。为了促进社会体育组织与企业合作供给体育公共服务必须要扫清制度障碍。

### （二）建立和完善利益协调机制

社会体育组织供给体育公共服务是一种公益行为，不以营利为目的。企业与社会体育组织合作供给体育公共服务则是一种市场行为，以是营利为目的，即使企业进行捐赠，其行为大多是出于公关目的，例如塑造良好的企业社会责任形象，为企业发展获得软性竞争力。因此，社会体育组织与企业合作供给体育公共服务天然具有利益冲突，为此需要建立和完善利益协调机制。一是社会体育组织与企业合作需要订立契约，对彼此间的权利和义务进行明确划分，对于不符合社会体育组织宗旨或有损社会大众利益的企业诉求，需要进行协商和协调。二是尊重企业的利益诉求，在体育公共服务供给过程中，积极进行创新设置相关合理环节，帮助企业进行形象宣传。三是企业与社会体育组织形成关注社会公益的联盟，通过联盟的紧密关系对彼此间的利益冲突进行有效地化解。

## 四、基于"互联网＋"的社会体育组织供给体育公共服务模式的具体实施路径

### （一）积极进行观念更新

依托"互联网＋"进行公共服务供给，是当前世界各国和我国政府职能改革的重要方面。2015 年国务院印发了《关于简化优化公共服务流程方便基层群众办事创业的通知》，该通知明确提出："加快推进'互联网＋公共服务'，打破信息孤岛，推动信息互联互通、开放共享。"因此，体育政府部门应该积极进行观念更新，积极依托"互联网＋"推进社会体育组织供给体育公共服务。

### （二）依托互联网信息平台

基于"互联网＋"的社会体育组织供给体育公共服务的基础在于构建一个有关体育公共服务的互联网信息平台，通过该信息平台连接政府、社会体育组织、社会公众等多元主体。这一互联网信息平台应由政府部门负

责构建。社会公众可以通过这一信息平台表达自身的体育公共服务需求，政府通过对信息的数据收集、分析，制定出最佳的体育公共服务供给方案，发放给社会体育组织等供给主体，社会体育组织可以根据反馈方案进行产品设计、生产和供给。

**（三）政府做好监管工作**

政府可以依托互联网信息平台做好社会体育组织供给体育公共服务的监管工作，通过互联网信息平台对社会公众的需求满意度等进行分析，从而对社会体育组织进行有效监管。

# 结　论

本课题采用新公共管理理论、公共治理理论、政府与市场失灵理论以及第三方治理理论对社会体育组织供给体育公共服务问题进行研究。通过研究认为，社会体育组织是指独立于政府部门之外以实现社会公众利益为宗旨的、依法建立或自发形成的非营利性社会体育团体组织。社会体育组织主要由以下两大部类构成：一类是在体育部门、民政部门依法注册的体育社团、体育民办非企业单位、体育基金会等体育非营利性组织；另一类是在民间基层自发形成，不被现行法规条例正式认可，但是在一定程度上具有非政府性、非营利性特性的民间体育项目、体育人群、健身团队等体育团体组织。社会体育组织具有非政府性、自治性、志愿性、非营利性、专业性等多重特性。社会体育组织供给体育公共服务的范畴大致可以划分为两大类：一类是纯体育公共服务产品，另一类是准体育公共服务产品或混合型体育公共服务产品。社会体育组织供给体育公共服务的内容极为丰富多样，具体可以划分为组织服务、设施服务、活动服务、指导服务、体质监测服务以及体育信息服务。

当前浙江省社会体育组织类型多样。随着社会经济的发展，与社会公众体育需求直接相关的社会体育组织，如非奥项目单项协会以及休闲体育项目协会等在近些年发展迅猛。当前浙江省社会体育组织主管部门的类型较为多样，主要以体育局、体育总会等体育行政部门或具有政府背景的体育社会组织为主。基层社会体育组织以街道办事处作为主管部门，另有一些基层社会体育组织（草根体育组织）无主管部门。浙江省社会体育组织人员结构不合理，主要是缺乏专职人员，同时志愿人员也较为缺乏。浙江省社会体育组织供给体育公共服务所需的基本设施也比较缺乏。浙江省社会体育组织资金来源的主要渠道是政府财政拨款或委托项目支付。浙江省社会体育组织内部治理结构和决策方式需要进一步完善；浙江省社会体育组织对于供给体育公共服务具有一定的认识，同时也较为了解各项政策，认为社会体育组织供给体育公共服务是未来的大势所趋，对于浙江省体育事业发展具有重大影响，有意愿在今后供给体育公共服务；相当一部分浙江省社会体育组织已有供给体育公共服务的实践，供给的体育公共服务内容多样，服务对象也是丰富多样的。浙江省社会体育组织对于自身供给体育公共服务的效果评价较好。浙江省社会体育组织认为自身供给体育公共服务面临着多重困难，需要政府提供一系列的支持从而促进社会体育组织供给体育公共服务。

通过研究，管理体制、监督机制、保障机制、评估机制是影响浙江省社会体育组织供给体育公共服务的制度环境因素，突出表现为管理体制不合理、监督机制不健全、保障机制不完整、评估机制不完善。其中管理体制不合理具体表现是政府与社会体育组织权责利关系不明，政府与社会体育组织互动不足，社会体育组织间竞争与合作不足，内部管理机制不完善，执行不到位。监督机制不健全具体表现是监督机制的法律文本不健全，监督部门的多头管理形成了事实上的空头管理，监管体制、机制及办法陈旧，监督主体单一，过分强调内部监督。保障机制不完整具体表现是资金来源单一，法律规范体系尚不健全，供给运作过程不规范。评估机制不完善具体表现是评估主体业务不专业，评估指标体系设计脱离实际发展情况，高效率的第三方评估机制没有建立，评估结果未能有效利用，奖励机制不足。

浙江省社会体育组织供给体育公共服务的现有模式主要有政府向社会体育组织购买体育公共服务模式、社区与社会体育组织合作供给体育公共服务模式、社会体育组织与企业合作供给体育公共服务模式。国外社会体育组织供给体育公共服务的模式主要有行政部门主导型模式、行政与社会体育组织结合主导型模式、社会体育组织主导型模式。

浙江省社会体育组织供给体育公共服务制度环境建构包括完善管理体

制、健全监督机制、健全保障机制、建立评估机制。其中完善管理体制具
体包括优化管理的行政流程、更新管理理念，突出社会体育组织主体地
位；管理体制创新，解决多头管理及责任主体模糊和缺失问题。健全监督
机制具体包括健全全民监督、完善相关法律文本、健全社会舆论监督，运
用和规范互联网监督，健全监督信息共享机制，明确监督部门职责，采用
问责制。健全保障机制具体包括提高社会体育组织自身的筹资能力，完善
组织内部治理机制，建立社会公信力，政策法律支持，建立健全政策法律
支持，基于契约构建体育公共服务合作互动机制。建立评估机制具体包括
完善评估机制的制度供给，制定合理的浙江省社会体育组织参与体育公共
服务供给的评估指标体系，建立第三方专业评估队伍。

　　浙江省社会体育组织供给体育公共服务的模式可以选择基于服务链的
政府向社会体育组织购买体育公共服务模式、基于社区参与的社区与社会
体育组织合作供给体育公共服务模式、基于跨部门联盟的社会体育组织与
企业合作供给体育公共服务模式、基于"互联网＋"的社会体育组织供给
体育公共服务模式。

# 附录

## 附录 1
### 《浙江省社会体育组织供给体育公共服务的现状》
### 调查问卷

尊敬的先生/女士：

您好！为了解浙江省社会体育组织供给体育公共服务的发展现状和存在的问题，从而促进浙江社会体育组织更好地供给体育公共服务，我们邀请您参与我们的问卷调查。本调查纯属学术研究，采取匿名填写，对您没有任何影响。恳请得到您的帮助，感谢您的支持！

《社会体育组织供给体育公共服务的制度环境建构、模式选择及其实施路径：中外经验对浙江的借鉴与启示》课题组

**填写说明：**

1. 请您在您认为正确的选项上划勾（√），如有多项选择题会有特殊说明。有些答案需要您直接写在"_____"上。

1. 您所在的社会体育组织类型是_____（请填出）

2. 您所在的社会体育组织的成立于？

①20 世纪 50 年代 　　②20 世纪六七十年代

③20 世纪 80 年代 　　④20 世纪 90 年代

⑤21 世纪前 10 年　　　　　　⑥2010 年以后

3. 您所在的社会体育组织的主管部门是?

①体育总会　　　②市体育局　　　③民政局　　　④文体局

⑤街道办事处　　⑥其他＿＿＿＿＿＿（请填出）

4. 您所在的社会体育组织有专职人员有＿＿＿＿＿名、兼职人员＿＿＿＿＿名、志愿人员＿＿＿＿＿名。

5. 您所在的社会体育组织拥有基本设施情况是?

| 设施情况 | 如有请打√ |
| --- | --- |
| 固定办公场所 | |
| 体育场馆 | |
| 体育器械 | |

6. 您所在的社会体育组织的主要经费来源是?（此题是多选题）

①政府财政拨款或委托项目支付　　②会费和成员捐赠

③企业或私人捐赠　　　　　　　　④开办实体或服务收入

⑤组织领导个人积蓄　　　　　　　⑥国内外基金会

7. 您所在社会体育组织是否有理事会?

①有　　　　　　②无

8. 如果您所在的社会体育组织有理事会，其重大决策方式是?

①理事会决定　　②全体成员协商　　③两个以上主要领导决定

④负责人个人决定⑤业务主管部门决定

9. 如果您所在的社会体育组织没有理事会，其重大决策方式是?

①理事会决定　　②全体成员协商　　③两个以上主要领导决定

④负责人个人决定⑤业务主管部门决定

10. 您所在的社会体育组织对供给体育公共服务的认识情况是？
①了解　　　　　　②较为了解　　　　③一般　　　　　④较不了解
⑤不了解

11. 您认为社会体育组织与政府部门相比供给体育公共服务的优势是？
①更接近服务对象②服务的专业性更强③服务的效率更高
④服务的态度更好⑤获得的需求信息反馈更及时　　　⑥成本更低
⑦没有优势　　　　　⑧其他＿＿＿＿＿＿＿＿（请填出）

12. 您所在的社会体育组织与政府的关系是
①领导与被领导关系　　　　　　②互补关系
③伙伴关系　　　　④竞争关系　　　⑤其他＿＿＿＿＿（请填出）

13. 您所在的社会体育组织对于供给体育公共服务的政策了解程度是？
①了解　　　　　　②较为了解　　　　③一般　　　　　④较不了解
⑤不了解

14. 社会体育组织供给体育公共服务的发展态势是？
①明显　　　　　　②较为明显　　　　③一般　　　　　④较不明显
⑤不明显

15. 社会体育组织供给体育公共服务对浙江体育事业发展影响是？
①极为重要　　　②重要　　　　③一般　　　　④不重要
⑤极不重要

16. 您所在的社会体育组织今后供给体育公共服务的意愿是？

①极强 ②强 ③一般 ④不强

⑤极不强

17. 您所在的社会体育组织是否供给过体育公共服务？（如选"否"请跳过 18 题）

①是 ②否

18. 您所在的社会体育组织供给体育公共服务的主要原因是？

①社会需要 ②主管部门 ③价值因素 ④经济因素

⑤兴趣爱好 ⑥历史传统

19. 您所在的社会体育组织供给体育公共服务的内容是？

①组织服务 ②设施服务 ③活动服务 ④指导服务

⑤体质监测服务 ⑥体育信息服务

20. 您所在的社会体育组织供给的体育公共服务的对象是？（此题是多选题）

①普通社会公众 ②会员 ③企业 ④社区居民

⑤特殊群体 ⑥学校 ⑦农村社区 ⑧政府

⑨其他＿＿＿＿＿＿＿（请填出）

21. 您所在的社会体育组织对自身供给体育公共服务的效果评价是？

①极好 ②较好 ③一般 ④较差

⑤极差

22. 您所在的社会体育组织供给体育公共服务面临的困难是？（此题是多选题）

①缺乏经费　　　　　　　　②缺乏专业人员组织实施

③供给过程中的责权利难以划清　④缺乏场地设施及器材

⑤领导不够重视　　　　　　⑥缺乏相应资质与资格

⑦体育公共服务方面的政府职能改革滞缓

⑧缺乏相关体育法规制度的支持

⑨与其他组织业务相冲突　　⑩与外界的联络沟通渠道不畅

⑪体育公共服务供给能力不足　⑫其他_____（请填出）

23. 政府对社会体育组织供给体育公共服务的支持形式包括？（此题是多选题）

①提供有关政策、法规支持与信息

②以政府购买形式提供一定的经费支持与补偿

③加强社会宣传和普及活动，促进社会理解、支持和参与

④提供社会体育组织供给体育公共服务经验交流的机会

⑤建立相应的管理体制和运行机制

⑥积极为广大群众创造和提供能亲身体验和参与各种社会体育组织供给的体育公共服务的机会

⑦建立和完善对体育社会组织供给体育公共服务的评估和表彰体系

⑧使社会各界和广大群众能获得有关社会体育组织供给体育公共服务的信息

⑨提供供给体育公共服务所必需的物资、器材和设备

⑩组织和开展提高社会体育组织供给体育公共服务能力的培训工作

⑪制定并实施对社会体育组织供给体育公共服务中发生意外事故等的保险措施

⑫其他_____

**谢谢您对我们工作的支持！**

# 附录 2

# 《浙江省社会体育组织供给体育公共服务制度环境影响因素》 调查问卷

尊敬的先生/女士：

您好！为了解浙江省社会体育组织供给体育公共服务制度环境影响因素，从而促进浙江社会体育组织更好地供给体育公共服务，我们邀请您参与我们的问卷调查。本调查纯属学术研究，采取匿名填写，对您没有任何影响。恳请得到您的帮助，感谢您的支持！

《社会体育组织供给体育公共服务的制度环境建构、模式选择及其实施路径：中外经验对浙江的借鉴与启示》课题组

**填写说明：**

1. 请您在您认为正确的选项上划勾（√）。

| 影响因素名称 | 非常重要 | 重要 | 一般 | 不重要 | 极不重要 |
|---|---|---|---|---|---|
| 政府与组织间的权利关系 | | | | | |
| 政府与组织间的责任关系 | | | | | |
| 政府与组织间的利益关系 | | | | | |
| 政府与组织间竞争与合作 | | | | | |
| 组织间竞争与合作 | | | | | |
| 政府监管 | | | | | |
| 社会监督 | | | | | |
| 组织自律 | | | | | |
| 第三方监督 | | | | | |
| 服务对象监管 | | | | | |
| 法律规范体系 | | | | | |
| 经费支持 | | | | | |
| 合理的供给程序与方法 | | | | | |
| 科学确定供给组织 | | | | | |

| | | | | | |
|---|---|---|---|---|---|
| 科学确定供给服务内容 | | | | | |
| 评估制度建设 | | | | | |
| 评估原则 | | | | | |
| 评估主体建设 | | | | | |
| 评估客体建设 | | | | | |
| 评估环境建设 | | | | | |
| 评估指标 | | | | | |
| 评估方法 | | | | | |
| 评估回馈 | | | | | |

附录 3

## 《社会体育组织供给体育公共服务的制度环境建构、
## 模式选择及其实施路径：
## 中外经验对浙江的借鉴与启示》访谈提纲

1. 您认为当前社会体育组织供给体育公共服务的类型有哪些？

2. 您认为当前社会体育组织供给体育公共服务出现的问题有哪些？

3. 您认为如何解决这些问题促进浙江社会体育组织供给体育公共服务？

4. 社会体育组织供给体育公共服务的制度环境建构包括哪些内容？

5. 社会体育组织供给体育公共服务的模式选择包括哪些内容？

6. 社会体育组织供给体育公共服务的实施路径包括哪些内容？

## 附录 4

嘉市体〔2016〕73 号

### 关于印发《嘉兴市体育局关于向社会力量
### 购买公共体育服务实施办法（暂行）》的通知

局机关各处室、直属各单位：

　　经研究，现将《嘉兴市体育局关于向社会力量购买公共体育服务实施办法（暂行）》印发给你们，请结合实际，认真贯彻执行。

嘉兴市体育局

2016 年 9 月 18 日

### 嘉兴市体育局关于向社会力量购买
### 公共体育服务实施办法（暂行）

　　根据《浙江省人民政府办公厅转发省文化厅等部门关于政府向社会力量购买公共文体服务的实施意见的通知》（浙政办发〔2016〕3 号）、《嘉兴市人民政府办公室关于印发政府向社会力量购买服务管理办法（暂行）的通知》（嘉政办发〔2015〕34 号）、《关于政府向社会力量购买公共文体服务的实施办法（暂行）》（嘉文〔2016〕22 号）精神，为加快推进我市体育领域政府购买公共服务工作，规范和明确相关操作流程，特制定本办法。

　　**一、购买主体**

　　嘉兴市体育局。

　　**二、承接主体**

　　主要为具备提供公共体育服务能力，且在民政部门登记成立或经国务院批准免于登记的社会组织、按事业单位分类改革应划入公益二类或转为企业的事业单位、依法在市场监督管理或行业主管部门登记成立的企业、其他经济组织、机构等社会力量。5 万元以下项目，可根据公共体育服务项目特点，适当将承接主体范围扩大到业余体育团队、从事公共体育服务的自然人等。

承接主体应具有独立承担民事责任的能力，具备提供服务所必需的设施、人员和专业技术能力，具有良好的社会和商业信誉，具有依法缴纳税收和社会保障资金的良好记录，前三年内无重大违法记录，通过年检或按要求履行年度报告公示和信息公示义务，信用状况良好，未被列入经营异常名录或者严重违法企业名单等。

### 三、购买内容

（一）公益性体育赛事、活动、展览、培训、指导、展示、监测、统计等的组织与承办；

（二）组队参加省级以上体育赛事活动；

（三）业余训练项目布局；

（四）民族民间传统体育的保护、传承、展示；

（五）公共体育设施、户外营地的运行管理，公共体育健身器材的维修、维护和监管；

（六）公共体育场馆免费或低收费对外开放；

（七）民办体育场馆设施、民办体育机构免费或低收费开放服务，对外对港澳台体育交流活动配套服务；

（八）全民健身和公益性运动训练竞赛的宣传与推广等；

（九）其他符合公共体育服务购买条件的内容。

### 四、购买方式

结合公共体育服务的具体特点，按照政府采购有关规定，可采用公开招标、邀请招标、竞争性谈判、竞争性磋商和单一来源等方式确定承接主体，确立购买、委托、租赁、特许经营和战略合作等关系。

### 五、实施程序

（一）确定购买项目。每年8月，市局各处室（单位）根据省政府向社会力量购买公共文体服务指导推广目录和市政府购买服务指导目录（以下统称"指导目录"），结合全市经济社会发展水平、政府转变职能要求、公众体育需求、项目承接能力等因素，提交拟列入下一年度政府购买公共体育服务的项目（包括购买项目名称、购买主体、受益对象、购买依据、预算金额、购买方式和预期绩效目标等内容），报局购买公共体育服务工作领导小组研究后确定下一年度购买公共体育服务的具体实施项目。

（二）落实购买资金。年度实施项目确定后，政府购买服务预算与部门预算同步编制、同步审核、同步报批确定购买资金。根据购买服务的数量、价格、可行性报告、绩效目标和评价标准等，科学测算购买服务成本，合理申报并安排经费。

（三）确定承接主体。政府购买公共体育服务纳入政府采购管理。按照政府采购法及实施条例的有关规定，结合项目实际情况，会同财政部门商定具体采购方式，按照相关采购程序和内控建设制度确定承接主体。10万元以下服务项目可由购买主体自行采购。

（四）签订购买合同（协议）。通过政府采购确定承接主体后，购买主体与承接主体及时签订购买合同，明确购买服务的内容、期限、数量、质量、价格，以及资金结算方式、双方的权利义务事项和违约责任等内容。

（五）履约验收。由购买主体组织对购买项目进行绩效评价和综合验收，50万元以下（含50万元）的项目由购买主体自行验收，50万元以上的项目由购买主体会同财政等部门进行验收。

（六）购买资金支付。根据合同约定和财政国库集中支付管理规定，签订购买合同（协议）后，按合同规定拨付资金。

（七）资料收集归档。购买主体在服务项目完成并拨付资金后，应收集整理项目档案资料，并及时归档。

## 六、管理监督

（一）加强组织领导。成立政府购买公共体育服务工作领导小组，由局主要领导任组长，局分管领导及市纪委派驻市委宣传部纪检组负责人任副组长，局机关各处室及下属单位负责人为成员，统筹推进项目确定、资金安排、政府采购、检查验收、绩效评价等各项工作。

（二）优化绩效管理。每年由购买主体委托第三方机构开展购买项目的综合评审，制定科学的考评内容和办法，对购买服务项目的数量、质量和资金使用绩效等进行综合考核评价，并根据考评情况给予奖惩。

（三）健全监管体系。完善事前、事中、事后监管，对50万元以下（含50万元）的服务项目加强事中、事后监管，50万元以上的服务项目采用全过程监管。购买主体按规定公开购买公共体育服务的相关信息，自觉接受财政、审计监督和社会、舆论监督。

（四）建立信用档案。承接主体应主动接受购买主体的监管，健全财务报告制度，严格按照服务合同履行服务任务，严禁服务转包、分包行为。在购买或实施过程中，发现承接主体不符合资质要求、歪曲服务主旨、弄虚作假、冒领项目资金等违法违规行为的，记入信用档案，并依法予以追究；对造成社会重大恶劣影响的，列入黑名单，禁止其再次参与政府向社会力量购买公共体育服务工作。

# 附录 5

## 关于政府向社会力量购买公共文体服务的实施意见
## 省文化厅　省财政厅省新闻出版广电局　省体育局

根据《国务院办公厅关于政府向社会力量购买服务的指导意见》（国办发〔2013〕96 号）、《国务院办公厅转发文化部等部门关于做好政府向社会力量购买公共文化服务工作的意见》（国办发〔2015〕37 号）精神，为加快推进我省各级政府向社会力量购买公共文体服务工作，现提出如下实施意见：

### 一、目标任务

公开发布全省各级政府向社会力量购买公共文体服务指导推广目录，完善相关政策规范，充实服务内容，不断提升公共文体服务质量、效率和社会化参与程度。力争通过 5 年的努力，在全省基本建立比较完善的政府向社会力量购买公共文体服务体系，形成与全省经济社会发展水平相适应、与人民群众精神文化和体育健身需求相符合、具有浙江特色的公共文体服务资源配置机制、供给机制和公众评价机制。

### 二、购买主体和承接主体

（一）购买主体为提供公共文体服务的全省各级行政机关，以及参照公务员法管理、具有行政管理职能的事业单位。纳入行政编制管理且经费由财政负担的文化与体育群团组织，也可根据实际需要，通过购买服务方式提供公共文体服务。

（二）承接主体主要为具备提供公共文体服务能力，依法登记或按规定免予登记的社团，符合条件的事业单位，以及依法在工商行政管理或行业主管部门登记成立的企业、其他经济组织、机构等社会力量。承接主体应具有独立承担民事责任的能力，具备提供公共文体服务所必需的设施、人员、专业技术，以及健全的法人治理结构和规范的财务、资产管理制度等基本条件。

### 三、购买机制和保障

（一）购买机制和方式。按照程序规范简便、方式灵活、标准明确、合同约束、全程监管、结果评价、动态调整的原则，将政府购买公共文体服务纳入政府采购管理。坚持公开、公平、公正的遴选原则，明确承接主体的具体条件，科学选定承接主体。按照政府采购有关规定，采用公开招标、邀请招标、竞争性谈判、竞争性磋商、单一来源等方式，规范购买公共文体服务流程，规范合同签订行为。各级购买主体要根据具体购买服务特点，分类制定内容明确、操作性强、便于考核的购买服务标准，完善与之相适应的采购方式、评价机制和合同类型，方便承接主体掌握，便于购买主体监管。同时，建立购买价格或财政补贴的动态调整机制，根据承接主体服务内容和质量，合理确定价格。鼓励提供特定公共文体服务的事业单位与具备条件的社会力量公开、公平参与政府购买服务的竞争。

（二）资金来源和保障。政府向社会力量购买公共文体服务所需资金列入财政预算，原有服务内容支出从既有预算中统筹安排，新增服务内容所需资金按照新增预算管理。各级政府要逐步加大现有财政资金向社会力量购买公共文体服务的投入力度，对新增的服务内容，凡适于以购买服务方式实现的，原则上都要通过政府购买服务方式实施。

### 四、管理机制

（一）绩效评价机制。加强财政支出绩效评价管理，以服务受众满意度为重点，将绩效评价贯穿公共文体服务实施全过程，逐步建立健全长效的综合评价体系。评价结果作为年度编制预算和选择服务承接主体的重要参考依据。

（二）信息公开。充分利用现有资源，建立内容全面、方便快捷的政府购买服务平台。各级财政、文化、新闻出版广电、体育部门应及时发布政府向社会力量购买公共文体服务的有关政策、实施办法、购买信息及绩效评价结果。

（三）监管机制。建立健全政府向社会力量购买公共文体服务的监督制度，完善事前、事中、事后监管体系，坚决遏制和预防腐败现象。购买主体对承接主体提供的服务进行跟踪监督，在项目完成后组织开展验收和绩效评价，并建立健全内部监督管理制度，按规定公开购买服务的相关信息，自觉接受审计监督、社会监督和舆论监督。承接主体应健全财务报告制度，严格按照服务合同履行服务任务，严禁服务转包行为。

**五、诚信评价和环境营造**

（一）诚信评价。建立政府向社会力量购买公共文体服务信用档案。在购买或实施过程中，发现承接主体不符合资质要求、歪曲服务主旨、弄虚作假、冒领财政资金等违法违规行为的，记入信用档案，并依法予以追究；对造成社会重大恶劣影响的，列入黑名单，禁止其再次参与政府向社会力量购买公共文体服务工作。

（二）环境营造。各地要加大对承接主体的培育扶持力度，促进承接主体健康有序发展。做好相关政策宣传解读，加强舆论引导，充分调动社会参与的积极性，为推进政府向社会力量购买公共文体服务营造良好的工作环境和舆论氛围。

附件：政府向社会力量购买公共文体服务指导推广目录附件

**政府向社会力量购买公共文体服务指导推广目录**

一、公益性文体产品的创作与传播

（一）公益性广播影视作品的制作与宣传

（二）公益性出版物和宣传品的编辑、印刷、复制与发行

（三）公益性数字文化产品、公益性广告的制作与传播

（四）全民健身和公益性运动训练竞赛的宣传与推广

（五）政府资助的传统戏剧剧本创作、传统戏曲电影制作、体育科研服务

（六）面向特殊群体的公益性文体产品的创作与传播

（七）通用性广播电视对农节目制作、征集

（八）其他公益性文体产品的创作与传播

二、公益性文体活动的组织与承办

（一）公益性电影放映活动的组织与承办

（二）公益性全民阅读活动的组织与承办

（三）公益性文化艺术活动（含演出、展览陈列活动）的组织与承办

（四）公益性体育竞赛活动的组织与承办

（五）全民健身活动的组织与承办

（六）政府组织的公益性文化艺术培训（含讲座）的组织与承办

（七）公益性体育展览、培训、健身指导、国民体质监测与体育锻炼标准测验达标活动的组织与承办

（八）公益性青少年文体活动的组织与承办

（九）面向特殊群体的公益性文体活动的组织与承办

（十）其他公益性文体活动的组织与承办

三、中华优秀传统文化与民族民间传统体育的保护、传承与展示

（一）文化遗产日、国际博物馆日等系列活动的组织和承办

（二）传统表演类非遗项目的保护、传承和展演的组织和承办

（三）文化遗产项目数字化保存、利用及数字平台的运行和管理

（四）公益性文化遗产的培训（含讲座）的组织与承办

（五）民族民间传统文体项目的保护、传承与展示

（六）其他优秀传统文化和传统体育的保护、传承与展示

（七）不可移动文物保护的辅助性工作及相关技术咨询服务

（八）公共博物馆陈列展示活动的组织与承办

（九）文物系统安防、消防系统的运行和管理

（十）文物科技保护项目的实施服务

四、公共文体设施的运营和管理

（一）公共图书馆（室）、文化馆（站）、乡镇流动文化站的运营和管理

（二）村（社区）文化活动中心（含农村文化礼堂、农家书屋）的运营和管理

（三）广播电视村村通、户户通等接收设备的维修维护

（四）公共电子阅览室、数字农家书屋等公共数字文化设施的运营和

管理

（五）公共文化数字平台的运行和管理

（六）面向特殊群体提供的有线电视免费或低收费服务

（七）公共剧院（剧场）、公共电影放映场所的运营和管理

（八）公共体育设施、户外营地的运营和管理

（九）公共体育健身器材的维修维护和监管

（十）公共体育场馆免费或低收费对外开放服务

（十一）其他公共文体设施的运营和管理

五、民办文体机构提供的免费或低收费服务

（一）民办图书馆、美术馆、博物馆等面向社会提供的免费或低收费服务

（二）民办演艺机构面向社会提供的免费或低票价演出

（三）互联网上网服务场所面向社会提供的免费或低收费上网服务

（四）民办农村（社区）文化服务中心（含书屋）面向社会提供的免费或低收费服务

（五）民办体育场馆设施、民办健身机构面向社会提供的免费或低收费服务

（六）其他民办文体机构面向社会提供的免费或低收费服务

六、对外对港澳台文体交流

（一）在境外举办的演出、展览等文化交流活动的承办

（二）引进境外演出、展览等文化交流活动的承办

（三）对外对港澳台文体交流活动配套服务（含物流、食宿行安排等）

（四）在境外举办图书、影视文化（产品）交流活动的承办

浙江省人民政府办公厅　2016 年 1 月 13 日印发

# 附录 6

## 继续推进体育社团社会化实体化建设
## 有效促进浙江全民健身事业快速发展
## 浙江省体育局党组书记、局长孙光明

　　按照党的十八大和十八届二中、三中全会精神，国务院和浙江省部署了深化社会治理体制改革、加快形成现代社会组织体系的一系列工作，国家和浙江省有关部门关于社会组织管理制度改革的政策文件也正在制定之中。社会组织管理制度的改革，必将对现有的体育管理模式带来良好发展契机，为体育社团的社会化实体化建设提供良好的发展环境，我们必须提高认识、抢抓机遇，结合实际、主动作为。

　　**一、加强体育社会组织建设是浙江体育社团发展的必由之路**

　　体育社会组织是体育事业发展中不可缺少的力量。大力培育发展体育社会组织，对于深入宣传落实党和政府发展体育事业的方针政策，深化体育体制和机制改革，促进体育部门职能转变，充分发挥体育社会组织在构建体育公共服务体系和全民健身事业中的积极作用，有效满足人民群众不断增长的个性化、多样化体育需求，具有十分重要的意义。

　　中共浙江省委十三届五次全会作出了"建设美丽浙江、创造美好生活"的战略部署，这是建设物质富裕精神富有现代化浙江的升华，也对我们推进体育强省和体育现代化建设、构建完善的体育公共服务体系提出了新的更高要求。培育发展体育社会组织，加强体育社团社会化实体化建设，是建设服务型政府和创新社会管理的必然要求，是转变体育发展方式，促进政府职能转变的重要举措，是建立健全体育公共服务体系、提高体育公共服务水平、加快体育事业发展的客观需要。加强体育社会组织建设是新形势下浙江体育社团发展的必由之路。浙江各级体育部门应当从建设"两美"浙江、推进体育强省和体育现代化建设全局的高度，以体育社团的规范化、社会化、实体化为发展方向，以政府扶持、职能转移、社会参与、市场运作为重要手段，以体育社团的组织建设、制度建设、队伍建设、能力建设为工作重点，探索政府与社团共同提供体育产品和服务的新路子，努力为广大人民群众提供多方面的公共体育服务。

**二、社会化实体化建设给浙江体育社团发展带来生机和活力**

在各级党委、政府的关心重视下，浙江的体育社团工作，包括体育社团的社会化实体化建设，经过多年的努力，取得了一些进步。特别是近几年，全省的体育社团工作抓住贯彻落实《全民健身条例》和《全民健身计划（2011—2015 年）》的有利时机，借助体育"创强"、先进体育社团和星级体育社团创建活动，不断推进自身各项建设，焕发了生机和活力。

一是组织建设突破瓶颈，涉及领域不断拓展。新建了幼儿体育、休闲养身协会、宿将乒乓球协会，老年活动中心俱乐部、之江水上项目俱乐部等一大批新的体育社会组织，围棋、国际象棋、中国象棋以及自行车、汽车、摩托车协会从原来的棋类协会、赛车运动协会分离出来，协会分工更加细化，协会管理更加专业，全省各级各类群众性体育社团组织得到进一步发展，全省目前已建各级各类体育社团 2978 个，体育社团组织涉及的领域和覆盖面进一步扩大。

二是管理逐步规范，政府购买服务有序推进。省体育局和省体育总会重视对各级体育社团的管理，与省民政厅密切合作，开展了体育社团清理整顿、年审等工作，督查各体育协会按时换届，不断规范协会各项工作制度，促进各级体育总会和体育协会的规范发展。通过政府向社会购买服务，不断提高体育社会组织的管理能力和水平。在政府的推动和扶持下，省游泳协会近几年持续开展"金海豚"游泳达标系列活动，普及游泳知识、进行游泳安全教育，推广建设"拆装式游泳池"，做好技术人员培训工作；省棋类协会通过开展业余围棋段位赛，培养围棋兴趣、扩大围棋人口、提高围棋水平，取得了良好的社会效益。

三是积极承办体育赛事，群体活动更加丰富。2011 年以来，先后举办了浙江省首届体育社团运动会、首届海洋运动会、首届女子体育节和省第二届体育大会、全民健身片区活动等各类活动。各级体育社团不仅分别组队参赛，许多单项体育协会还先后承办了相关赛事和活动。省级行业体育协和各级体育单项协会注重开展相关项目活动和比赛，2009—2014年，全省各级体育社团开展各类活动达到1万余次，有效助推了我省全民健身活动的蓬勃开展。

四是不断挖掘社会资源，自我造血功能进一步增强。在体育社团社会化建设的尝试中，不断积累经验，通过出台相关政策、召开现场会等方式加以引导，以多种形式不断增强体育社团自我造血功能。实体化体育俱乐部不断建立，增加了协会社会化运行的手段和方法，省足球协会、排球协会、篮球协会、乒乓球协会等社团组织，利用国内联赛这一平台，与相关企业共同打造体育俱乐部，打造品牌赛事，拓展赛事经济。我省各级体育社团每年通过市场化运作向社会集资经费达1.2亿元，为社团自我造血、自我发展提供了强有力的保障。

### 三、以服务群众健身为根本推进浙江体育社团社会化实体化建设

要根据不同体育社会组织的发展现状，分级分类，分步推进体育社会组织的改革。以省级体育协会分类改革入手，探索路径，示范引领，做到协会有专门的人员和健全的队伍、固定的场所、稳定的资金保障，有影响的品牌赛事。通过改革，更好地发挥体育社会组织在提供公共服务、动员社会力量、满足大众需求等方面的作用，进一步激发体育社会组织的活力。

要顺应政府职能转变的要求，推进体育社团社会化实体化建设。在调查研究的基础上，出台和完善体育社团建设相关政策和制度。通过发挥市场机制作用，把政府向社会公众提供的服务事项按照一定方式和程序，交由具备条件的社会组织承担。做好政府购买体育服务工作，建立起严格规范的多元监督、监管评估机制，切实保障体育社团在引入市场机制后公益性服务的有效供给。

要以提高体育社团服务能力为重点，努力加强体育社团自身建设。创新体育社团党组织建设，充分发挥党组织的战斗堡垒作用和党员的先锋模范作用；积极争取热心体育事业的社会各界人士加入协会，加强教练员、

裁判员队伍建设，着力构建覆盖面广、结构合理的协会组织网络；进一步加强规章制度建设，加强赛事资源和品牌形象开发，着力发展技能培训、竞赛表演、产品销售、技术咨询等产业，推进体育产业发展。

要加强基层体育组织建设，进一步夯实社会体育发展的基础。大力发展社区体育俱乐部、青少年体育俱乐部等民办非企业单位，重视和加强基层体育社团建设，实现省、市、县体育总会满堂红，提出乡镇（街道）、村居体育社会组织全覆盖发展目标。加强社会体育指导员和体育志愿者队伍建设，进一步健全社会体育指导员培养、评价、使用、激励机制，鼓励他们在基层体育社团组织中发挥作用，促进全民健身事业的不断发展。

要充分发挥体育的多元功能，促进体育文化和体育社团同步发展。通过体育社团在组织建设、场地建设和活动开展的丰硕成果，更好地展示体育的政治、经济、文化等多元功能，体现体育作为生活方式和教育手段的独特魅力，把各级各类体育社会组织、群众性体育赛事活动建设成培育和践行社会主义核心价值观的重要平台。

# 主要参考文献

1. 陈振明、孙杨杰：《公共服务质量奖的兴起》，《湘潭大学学报》2014 年第 4 期。

2. 京华时报：《支持社会组织承接政府购买公共服务》，2014 年 12 月 19 日，见 http：//politics. people. com. cn/n/2014/1219/c70731-26235-921. html。

3. 林巧婷：《民政部发布〈关于通过政府购买服务支持社会组织培育发展的指导意见〉》，2016 年 12 月 30 日，见 http：//www. gov. cn/xinwen/2016-12/30/content＿5154719. htm。

4. 中华人民共和国民政部：《江苏省出台政府向社会组织购买公共服务实施意见》，2014 年 1 月 27 日，见 http：//www. mca. gov. cn/article/zwgk/dfxx/201401/20140100583195. shtml。

5. 于善旭：《论法治体育在推进体育治理现代化中的主导地位》，《上海体育学院学报》2014 年第 6 期。

6. 杨桦：《深化体育改革推进体育治理体系和治理能力现代化》，《北京体育大学学报》2015 年第 1 期。

7. 王才兴：《体育公共服务国际比较及启示》，《体育科研》2008 年第 2 期。

8. 唐定：《公共体育产品的经济分析》，《科技创业》2009 年第 10 期。

9. 胡正昌：《公共治理理论及其政府治理模式的转变》，《前沿》2008

年第 5 期。

10．姚迈新：《公共治理的理论基础：政府、市场与社会的三边互动》，《陕西行政学院学报》2010 年第 1 期。

11．［美］埃莉诺·奥斯特罗姆：《公共事务的治理之道》，上海三联书店 2000 年版。

12．［美］莱斯特·M. 萨拉蒙：《公共服务中的伙伴——现代福利国家中政府与非营利组织的关系》，商务印书馆 2008 年版。

13．谢蕾：《西方非营利组织理论研究的新进展》，《国家行政学院学报》2002 年第 1 期。

14．王会会：《非营利组织参与公共服务：基于杭州市的实证研究》，硕士学位论文，浙江大学管理学院，2010 年。

15．周爱光：《从体育公共服务的概念审视政府的地位和作用》，《体育科学》2012 年第 5 期。

16．易建东：《中国体育公共服务研究》，《体育学刊》2012 年第 2 期。

17．花楷：《我国体育公共服务财政政策研究》，博士学位论文，武汉体育学院体育教育学院，2014 年。

18．闵健等：《社会公共体育产品的界定与转变政府职能的研究》，《体育科学》2005 年第 11 期。

19．方堃、詹成芳：《浙江破体育社团"倒金字塔"结构 1438 万促实体化改革》，2017 年 1 月 12 日，见 http：//www. chinanews. com/ty/2017/01-12/8122571. shtml。

20．程路明：《社会管理创新的浙江体育社团》，《浙江体育科学》2011 年第 6 期。

21．刘玉：《改革开放 30 年我国体育公共服务供给模式转型与现实选择》，《体育科学》2013 年第 2 期。

22．范逢春：《全球治理、国家治理与地方治理：三重视野的互动、耦合与前瞻》，《上海行政学院学报》2014 年第 4 期。

23. 杭州市财政局课题组：《关于政府购买服务问题的思考》，《经济研究参考》2010 年第 44 期。

24. 瞿振雄：《中国政府购买公共服务研究》，硕士学位论文，湖南师范大学管理学院，2010 年。

25. ［美］彼得·德鲁克：《非营利组织经营之道》，机械工业出版社 2009 年版。

26. 曹师勤：《政府向社会组织购买公共服务的评估机制研究》，硕士学位论文，浙江理工大学管理学院，2017 年。

27. 王占坤：《政府购买公共体育服务的地方实践、问题及化解策略》，《武汉体育学院学报》2015 年第 2 期。

28. ［美］莱斯特·M. 萨拉蒙：《全球公民社会——非营利组织的关系》，社会科学文献出版社 2002 年版。

29. 叶定：《地方政府购买社会组织公共服务研究》，硕士学位论文，广西师范大学公共管理学院，2015 年。

30. 王占坤、吴兰花、张现成：《地方政府购买公共体育服务的成效、困境及化解对策》，《天津体育学院学报》2014 年第 5 期。

31. 王占坤：《浙江省公共体育服务体系建设研究》，博士学位论文，福建师范大学体育学院，2015 年。

32. 刘海丹：《温州健康指数位列全国 74 个地级市第 2》，《温州商报》2016 年 12 月 31 日。

33. 黄松光、项赛风：《瓯海跻身省级体育现代化区 每个社区都有体育社团》，《温州商报》2016 年 3 月 7 日。

34. 中新网：《浙江老年人口逾千万 老龄化程度明显加深需迫切应对》，2017 年 6 月 19 日，见 http：//www. chinanews. com/jk/2017/06-19/8255285. shtml。

35. ［美］戴维·奥斯本，［美］特德盖·布勒：《改革政府：企业家精神如何改革着公共部门》，上海译文出版社 2006 版。

36. 李建国：《〈全民健身条例〉背景下的城市体育服务改革》，《体育科研》2010 年第 4 期。

37．王晓芳：《困境与选择：新疆体育社会组织市场化运行机制研究》，博士学位论文，山东大学体育学院，2014 年。

38．张晓辉：《多元时代行政组织法的变革》，博士学位论文，中国政法大学行政管理学院，2008 年。

39．刘威：《论体育产业与文化产业的融合发展》，《当代体育科技》2017 年第 7 期。

40．杨世朋：《浙江温州率全国之先试点社会力量办体育》，《温州日报》2016 年 9 月 6 日。

41．臧雷振：《美国、日本、新加坡社区参与模式的比较分析及启示与借鉴》，《社团管理研究》2011 年第 4 期。

42．刘朋君：《非营利组织与企业跨部门合作的模式选择与风险控制》，硕士学位论文，南京理工大学管理学院，2014 年。

43．王颖：《公共服务多元化视角下社会组织与企业合作的影响因素研究——基于上海市公益服务型社会组织的多案例调查》，硕士学位论文，华东理工大学管理学院，2015 年。

44．郝海亭：《2005 美国户外休闲政策法案》，《体育科研》2006 年第 2 期。

45．刘波：《德国体育体制研究对进一步完善我国体育体制的启示》，《北京体育大学学报》2011 年第 4 期。

46．王志威：《英国体育政策的发展及启示》，《上海体育学院学报》2012 年第 1 期。

47．魏大勇：《论我国非营利组织的法律规制》，硕士学位论文，对外经济贸易大学管理学院，2005 年，第 19 页。

48．李勇：《德国非营利组织考察报告》，2012 年 5 月 23 日，见 http：//www. chinanpo. gov. cn/1632/19851/nextindex. html。

49．王铁：《日本民间非营利组织：法律框架、制度改革和发展趋势》，2012 年 3 月 20 日，见 http：//zyac. Mca. gov. cn/article/11yj/

201203/20120300292523. shtml。

50．程华、赵蕊、戴健：《发达国家体育社团发展的法律环境、运行监督机制及启示》，《上海体育学院学报》2015 年第 2 期。

51．汤际澜：《英国公共服务改革和体育政策变迁》，《南京体育学院学报》2010 年第 2 期。

52．邢晓燕：《政策"趋同进化"视域下加拿大政府购买体育社会组织服务的借鉴研究》，《中国体育科技》2017 年第 4 期。

53．龚正伟、姜熙：《新西兰体育公共服务体系研究——基于体育政策的分析》，《北京体育大学学报》2013 年第 11 期。

54．王占坤：《发达国家公共体育服务体系建设经验及对我国的启示》，《体育科学》2017 年第 5 期。

55．谢叶寿、阿英嘎：《英国政府购买公共体育服务的实践与启示》，《体育与科学》2016 年第 2 期。

56．李峰：《英国社会组织参与公共服务供给的历程及启示》，《哈尔滨市委党校学报》2015 年第 4 期。

57．陈丛刊、卢文云、陈宁：《英国公共体育服务供给体系建设的经验与启示》，《成都体育学院学报》2012 年第 1 期。

58．孙静、贺鹏：《对社会舆论监督必要性的认识》，《经营管理者》2012 年第 13 期。

59．刘明生：《城市社会体育组织参与体育公共服务的发展模式研究》，《南京体育学院学报》2012 年第 4 期。

60．童章成、金波：《浙江社会组织发展中的问题及政策思路研究》，《杭州师范学院学报》2005 年第 4 期。

61．李甜：《全民体育视角下城市社会体育组织构建发展研究》，《赤峰学院学报》2016 年第 12 期。

62．褚萍萍、丁严贺：《"互联网＋体育公共服务"供给创新模式研究》，《当代体育科技》2017 年第 4 期。